Paris décors
Art nouveau - Art déco...

35, rue du Pré-la-Reine, 63028 Clermont-Ferrand Cedex 2
EAN : 978-2-86253-505-0

Dominique Camus
Photos : Fred Aufray et Thierry Prat

Paris décors
Art nouveau - Art déco...

Christine
Bonneton

REMERCIEMENTS
Nous tenons à remercier
les photographes Fred Aufray et Thierry Prat
pour leur précieuse collaboration,
Georges Viaud pour ses conseils éclairés,
Aude Lemercier, Chantale Lescanne et Flore Camus
pour leur aide précieuse.
Nos remerciements vont également aux gérants,
directeurs et responsables de la communication des
lieux présentés pour leur accueil et leur aide.

Crédits photographiques

Fred Aufray, pages 22, 27, 31, 40-43, 46, 48, 49, 62, 65, 78-82, 84, 85, 87, 88, 94, 96, 136, 137, 210.
Dominique Camus, pages 16, 36, 37, 44, 51, 54, 58, 60, 61, 68-73, 75, 98, 99, 100, 102, 110, 112-115, 138, 140, 142, 154, 156-158, 160, 161, 166, 167, 168-172, 174, 176, 186, 191, 192, 194-196, 198, 199, 203, 206, 207.
Claudine Hourcadette, pages 22, 180, 181, 214.
Aude Lemercier, pages 212, 213
Thierry Prat, pages 14, 15, 18, 19, 20, 24, 67, 76, 77, 90, 91, 104-107, 109, 116, 126, 130, 132, 133, 148, 150, 182, 183, 200, 216, 220, 223.
Lucile Redon, page 179

Angelina, page 34-35
L'Autobus impérial, page 21
Aux Lyonnais/Eric Vasseur, pages 38-39
Bistro du Peintre/Sophie Aumas, page 178
Bouillon Chartier (Restaurants Gérard Joulie), pages 152, 153
Café Antoine, page 202
Café de Flore, page 92
Café de la Paix/Arnaud Frich, pages 144, 146, 147
Café Jacquemart André, pages 134-135
Chez Jenny (Frères Blanc), page 57
Fermette Marbœuf (Frères Blanc)/Raoul Dobremel, page 124
Flo, page 164
Goyard, page 32
Hôtel Regina, page 29
Julien, page 162
La Coupole, pages 189, 190
Le Bristol, page 119
Le Crillon/ Eric Cuvellier, page 122
Ledoyen, page 128
Le Train Bleu, pages 184-185
Le Zimmer, page 24
Les Caves Petrissans, page 205
Max m's (Archives Pierre Cardin)/Jérôme Faggiano, Sergio Altieri, page 120
Tecla, pages 52-53

Sommaire

Introduction

« Paris décors » est une invitation à un voyage à travers le temps à la découverte de décors sauvegardés, souvent miraculeusement sauvés. Témoins d'une époque, d'une mode, d'une excentricité ou d'un classicisme à la française, ils évoquent l'évolution des goûts, des mœurs et des traditions, leur originalité surprend souvent.
La sélection des décors de restaurants, brasseries, bistrots, cafés et salons de thé, du Grand Véfour, le plus ancien, qui remonte au Second Empire à La Méditerranée, le plus récent, qui date des années 1950, permet de suivre un siècle d'anecdotes liées à l'histoire de ces lieux.
D'anciens commerces devenus aujourd'hui, pour certains d'entre eux, des bars à vins ou des bistrots, offrent un décor plein de charme.
Plusieurs boutiques (joaillier, chocolatier, malletier, parfumeur...) conservent une atmosphère et un cadre qui leur donnent une âme particulière.
Cet ouvrage ne prétend pas être exhaustif. Paris est un voyage sans fin et l'auteur vous entraîne à la découverte de ses coups de cœur.
L'essentiel des décors se rattache à la période Art nouveau et Art déco, soit des années de 1890 aux années 1930. La perspective de l'Exposition universelle de 1900 a électrisé les esprits et un grand nombre de propriétaires de brasseries, cafés, bistrots et commerces ont fait refaire leur décor pour accueillir avec fierté et éclat les visiteurs du monde entier. Il est amusant de constater qu'à cette même époque, dans les palaces comme le Crillon ou le Meurice, il était inconcevable que les restaurants puissent se rattacher à un décor Belle Epoque, jugé beaucoup trop d'avant-garde. Les décors réalisés dans ces restaurants se devaient d'afficher un panache et une opulence dignes de Versailles.
Ce guide vous propose de découvrir une centaine de lieux.
Les boulangeries et confiseries sont une invitation à un péché de gourmandise, les jolies boutiques une invitation à découvrir un artisanat d'art, les restaurants, cafés..., une invitation à prendre un verre ou à se restaurer en partageant le plaisir des yeux et celui de la table.

Digne d'un royal palais

Le Grand Véfour

17, rue du Beaujolais, 75001 Paris
M° Pyramides, Palais Royal ou Bourse
01 42 96 56 27, www.grand-vefour.com

Ouvert du lundi au vendredi midi de 12 h à 14 h et de 20 h à 22 h 30

Les jardins du Palais Royal sont l'apanage des ducs d'Orléans, princes de tradition libérale qui refusaient de laisser entrer les forces de l'ordre dans ce havre de paix unique dans Paris. C'est probablement vers 1784 qu'un certain Aubertot, limonadier, ouvre le Café de Chartres. Les jardins, ouverts au public, sont le centre de la vie parisienne avec des cercles de jeux, des prostituées, des boutiques et de nombreux cafés. Les révolutionnaires se retrouvent au Café de Chartres. Plus tard, Bonaparte y courtise Joséphine et la noblesse d'Empire s'y rend volontiers. En 1820, Jean Véfour achète le Café de Chartres qui devient un restaurant très couru. En 1830, Victor Hugo y dîne avec Sainte-Beuve et Théophile Gautier après la représentation houleuse d'*Hernani*. Acheté en 1852 par les frères Tavernier qui y réalisent d'importants travaux, le Grand Véfour

s'agrandit du restaurant Véry. Puis, durant la première moitié du XXe siècle, sa notoriété chute considérablement. Il faut attendre l'arrivée de Raymond Oliver en 1948 pour assister à sa véritable renaissance. Colette et Cocteau y viennent en voisins et de nouveau le Tout Paris s'y presse.
Le décor est d'une grande richesse. La plus grande salle, entièrement décorée de panneaux peints fixés sous verre, date probablement des années 1850 et non de la période post-révolutionnaire comme pourrait le laisser croire son style néo-pompéien. Le thème des quatre saisons est symbolisé par des femmes. Le plafond est orné de guirlandes de fleurs, de fruits, de rosaces et de grotesques et de quatre miroirs. La petite salle présente des similitudes décoratives. On a récemment découvert au plafond, sur le bandeau peint de couleur sombre, la présence de fleurs de lys vraisemblablement dissimulées au regard pendant la Révolution. Une grande partie de la décoration célèbre les plaisirs de la table. Des femmes vêtues de robes légères tiennent des coupes avec des pyramides de fruits, de gâteaux, de macarons, de sorbets, de volailles...
A propos du décor, Cocteau disait : « Demeuré intact, grâce au privilège des choses fragiles qui durent plus que le roc [...] vous y dînerez avec les ombres de Fabre d'Eglantine, Saint-Just, Bonaparte, Barras, Rastignac, Delphine de Nucingen ». Aujourd'hui le chef étoilé Guy Martin y règne en maître.

Où l'escargot n'est pas modeste

L'Escargot Montorgueil

38, rue Montorgueil, 75001 Paris
M° Les Halles ou Etienne Marcel
01 42 36 83 51

Ouvert du lundi au samedi de 12 h à 23 h 30 et jusqu'à minuit les vendredi et samedi soirs

Une déambulation parisienne doit toujours se faire le nez en l'air, seule façon de découvrir les curiosités qui évoquent l'histoire anecdotique des rues. Ainsi vous ne manquerez pas de voir l'escargot d'or, avec ses petits tout autour, qui forment une sorte de fronton vivant au-dessus de la marquise du restaurant.

Le marchand de vin Bourreau, installé ici depuis quelques décennies, s'associe en 1874 avec le restaurateur Mignard pour créer un restaurant à l'enseigne « Vins, escargots et restaurant ». Cette spécialité est plutôt populaire comparée aux huîtres qui sont l'une des dégustations favorites des classes aisées.
Le décor intérieur date du Second Empire. Les plafonds à grands caissons aux formes variées et ouvragées, le bel escalier à colimaçon, les vitres gravées, comme la cloison qui sépare les deux salles du rez-de-chaussée, sont décorées d'escargots, de coupes remplies de homards, de langoustes et d'huîtres.
Les huîtres sont ajoutées à la carte par un certain Lecomte qui reprend l'établissement en 1890. La clientèle s'embourgeoise et cette enseigne devient l'une des plus courues des Halles.
Son succès sera d'autant plus florissant qu'en 1919 L'Escargot Montorgueil est repris par André Terrail, propriétaire de La Tour d'argent, qui met en cuisine François Lespinas, l'ancien chef du roi d'Egypte. Les Années folles battent leur plein et l'on s'encanaille volontiers dans ce restaurant dont la notoriété attire la classe politique qui monte au premier étage, plus discret pour les réunions.
Lors de la vente de la succession de Sarah Bernhardt en 1923, André Terrail achète la toile qui décorait le plafond de la salle à manger de la comédienne. La toile, marouflée au plafond de l'entrée du restaurant, et vraisemblablement réalisée par Clairin, représente des anges cuisiniers, joyeux et joliment vêtus, entourés de nombreux ustensiles et de casseroles en cuivre.
La fille d'André Terrail a repris le restaurant en 1975 et fait rénover le décor d'origine avec ses boiseries peintes en noir, puis l'a cédé à de nouveaux propriétaires.

A voir en passant

AU ROCHER DE CANCALE

78, rue Montorgueil, 75002 Paris
M° Les Halles ou Etienne Marcel
01 42 33 50 29, www.aurocherdecancale.fr

Ouvert tous les jours de 8 h à 2 h

Deux restaurants ont existé sous la même enseigne. L'un au 59-61 de la rue Montorgueil ferma ses portes en 1845.
Le second ouvrit en 1846 à l'angle de la rue Beaurepaire (actuelle rue Greneta). Stendhal et Balzac dînèrent au premier, et Eugène Sue et les Goncourt connurent vraisemblablement le second.
Son enseigne originale, un rocher où s'agrippent des moules et des huîtres, à l'angle des deux rues, était célèbre.
Aujourd'hui, le restaurant affiche un look moderne qui ne permet pas d'imaginer qu'au premier étage sont conservés des fragments de l'ancien décor. Il s'agit de peintures à l'huile sur plâtre attribuées au dessinateur Gavarni (1804-1806). Leurs sujets burlesques évoquent « le Dîneur », « le Gourmet » et l'on voit aussi des natures mortes aux fruits et aux gibiers.

Une tripière bien dodue fait le succès de son maître

Pharamond
24, rue de la Grande Truanderie, 75001 Paris
M° Etienne Marcel ou Les Halles
01 40 28 45 18, www.pharamond.fr

Ouvert du mardi au samedi
de 12 h à 14 h 15 et de 19 h 30 à 23 h

Voilà bien un lieu dont la sauvegarde tient du miracle. Le quartier ayant subi tant de bouleversements pendant un siècle, des coups de pioche d'Haussmann au départ des Halles à Rungis un siècle plus tard, on s'étonne que *la Petite Normandie* ait traversé les âges sans une ride. Heurte Pharamond crée son enseigne en 1832 ; en bon Normand, il sait cuisiner et se lance un défi : faire découvrir aux Parisiens sa spécialité « les tripes à la mode de Caen ». Pharamond connaît un tel succès qu'il vend aussi ses tripes à la criée dans des voitures à cheval aux couleurs de l'établissement battant le pavé de Paris.
A l'approche de l'Exposition universelle de 1900 il veut un décor à la hauteur de son renom. La façade est agrémentée d'une frise végétale (le style maisonnette normande est ultérieur) et, à l'intérieur, le décor d'une grande richesse diffère à chaque étage. La salle du rez-de-chaussée est entièrement décorée de miroirs encadrés par des frises et des panneaux en pâte de verre. Sur la frise supérieure alternent divers légumes dont des bouquets de carottes et la fameuse tripière.

PICARD & Cie PARIS

Au premier étage, la salle possède un décor peint très frais composé de fruits et de fleurs qui courent sur les poutres et le plafond. Mais la plus grande surprise se trouve en haut de l'escalier qui mène aux quatre petits salons tous différents par leur taille et leur décor. Une vraie merveille ! Nombreux sous le Second Empire et à la Belle Epoque, ces petits salons offraient un espace tranquille à la clientèle d'affaires et pour les repas en galante compagnie. D'où ces jolies portes aux verres gravés à mi-hauteur pour préserver l'intimité. Deux ces salons, l'un décoré de pavots rouges, l'autre de liserons et d'iris jaunes, donnent sur la place.
Quand Dominique Ravineau et Sylvain Le Barbier ont repris l'établissement en 2007, il se trouvait dans un déclin navrant. Fascinés par ce haut lieu de la mémoire gourmande de Paris, ils ont rafraîchi les peintures, sans toucher au décor classé, changé les banquettes et remis à l'honneur une bonne cuisine de bistrot.

A voir en passant

L'AUTOBUS IMPÉRIAL
14, rue de Mondétour, 75001 Paris
M° Etienne Marcel
01 42 36 00 18

Ouvert du lundi au samedi de 10 h à 22 h 30

A quelques pas de chez Pharamond, ce bel espace présente un décor qui remonte au début du XXe siècle : immenses miroirs, dorures, colonnes, lustres et une jolie verrière.

Les HALLES apres le
COUP de CLOCHE

Exit le Singe pèlerin

Le Cochon à l'oreille

15, rue Montmartre, 75001 Paris
M° Les Halles, Sentiers ou Etienne Marcel
01 42 36 07 56

Ouvert du mardi au samedi de 12 h à 22 h

On a un choc en passant la porte de ce petit café qui nous fait remonter le temps en nous plongeant dans le décor des halles d'antan, si réaliste que l'on entend presque le brouhaha du marché. A l'origine, ce café s'appelait Halles-Bar, comme on peut le lire sur la céramique au sol, puis le Singe pèlerin, du nom d'un vieux conte chinois, donné par André Camboulas, propriétaire, à son retour d'un Paris-Pékin par le Transsibérien. Au fil du temps, il a choisi de réincarner le singe en cochon. Derrière le bar, deux grands tableaux en céramique encadrent un miroir. Celui de gauche, évoque *Les Halles le matin devant l'église Saint-Eustache* où une foule affairée et bigarrée se croise et discute les prix avec les marchands des quatre saisons (signé E. Ringuet et fils). A droite, *L'Arrivée du train de Baltazar à 1 h du matin* : on voit ici le Petit Arpajonnais, un train de marchandises en provenance du sud de Paris, qui apportait salades, choux, cresson... Le plus grand tableau montre *Les Halles après le coup de cloche*, à la fin du marché, les conversations entre marchands et la valse des voitures à bras. La céramique rectangulaire au fond de la salle, où l'on voit une femme poussant une charrette, provient de l'ancienne Brasserie de la Poste, rue de la Grande Truanderie. S'intégrant parfaitement au cadre, elle a été achetée par le propriétaire et remontée ici. Si André Camboulas, né dans le quartier, a vécu, la mort dans l'âme, la métamorphose du quartier et le départ des halles pour Rungis, il a une certitude et l'a fait inscrire au-dessus du bar : « Si le ventre de Paris a pu émigrer, son cœur reste aux Halles ». Tout en contemplant ce décor, on peut savourer une bonne cuisine de bistrot.

A voir en passant

COMPTOIR DE LA GASTRONOMIE
34, rue Montmartre, 75001 Paris
M° Les Halles
01 42 33 31 32

Ouvert du lundi au samedi
Boutique : de 9 h à 20 h
Restaurant : de 12 h à 23 h

Cette élégante boutique conserve sa devanture et son décor de la fin du XIXe siècle (1894) avec une caisse vitrée et des boiseries.
On peut désormais s'y restaurer de très bons produits du terroir.

Aux artistes épicuriens

Le Zimmer

1, place du Châtelet, 75001 Paris
M° Châtelet
01 42 36 74 03, www.lezimmer.com

Ouvert tous les jours de 8 h à 1 h et jusqu'à minuit le dimanche

En terrasse, la vue sur la place du Châtelet est toujours animée ; dans la grande salle carrée avec ses miroirs, ses rideaux de velours rouge carmin et ses moulures, l'atmosphère, intime et feutrée, est idéale pour un dîner après le théâtre.

L'histoire du Zimmer est étroitement liée au théâtre du Châtelet. Autrefois, des portes permettaient de se rendre directement de la brasserie à la salle du rez-de-chaussée et au salon du premier étage du théâtre. A l'occasion des soirées de théâtre, de danse et de concerts qui s'y sont déroulés, des gens célèbres du monde des lettres (Jules Verne, Emile Zola, Edmond Rostand, Guillaume Apollinaire, Marcel Proust...) et du monde des arts (Sarah Bernhardt, Gustav Mahler, Claude Debussy, Richard Strauss, Arturo Toscanini, Serge Diaghilev, Igor Stravinsky, Vaslav Nijinski, Pablo Picasso...) ont fréquenté ce lieu.
Les Zimmer, Alsaciens comme les familles Wepler et Bofinger, s'installent à Paris après 1870.
Le décor de cet établissement créé en 1896, avec ses colonnettes qui encadrent les miroirs et ses pampres de vignes qui courent tout au long du plafond, diffère de l'inspiration Art nouveau des autres brasseries parisiennes de cette époque. Les noms de Zimmer, de Bacchus et de Gambrinus, symboles des amateurs de bière et de la joie de vivre des Flandres, se détachent de l'ensemble du décor.
Les magnifiques boiseries qui forment une sorte d'écran entre la salle et les cuisines sont dotées de tiroirs de service et d'armoires réfrigérantes.
Un bel escalier de marbre rose descend aux toilettes où vous pourrez vous divertir en lisant le texte « Le Petit endroit » écrit par Alfred de Musset à George Sand.
Durant la dernière guerre, le réseau de Résistance « Honneur de la Police » avait sa cachette dans les sous-sols. On ignore son emplacement, mais son existence aurait permis à plusieurs familles juives d'y trouver refuge.
Le petit espace de lecture avec la presse du jour, les programmes des spectacles, des revues ou des textes choisis par la direction, est une heureuse initiative.
En 2000, la rénovation du Zimmer a été confiée à Jacques Garcia qui a relooké la terrasse et rénové le mobilier en gardant l'esprit du lieu.

A voir en passant

Au Chien qui fume

33, rue du Pont Neuf, 75001 Paris
M° Pont Neuf
01 42 36 07 42

Tous les jours de 9 h à 1 h

C'est l'un des plus vieux cafés des Halles (1854).
Son magnifique comptoir en bois est classé et il a comme originalité d'être décoré de médaillons et de cartouches peints représentant des têtes de chiens, toutes différentes, qui fument... la pipe. Ils doivent s'amuser d'être les seuls aujourd'hui à pouvoir fumer en toute tranquillité !

Effilé de jasmin, bouffette, gisèle à olive... et savoir-faire

Declercq
15, rue Etienne Marcel, 75001 Paris
M° Etienne Marcel ou Les Halles
01 44 76 90 70

Ouvert du lundi au vendredi de 9 h à 18 h
Visite tous les premiers jeudis du mois (1 h 30, 7 €)

Depuis six générations, la famille Declercq exerce avec brio l'art de la passementerie, un savoir-faire rare aujourd'hui. La passementerie haut de gamme, un travail délicat et exigeant, nécessite des années d'apprentissage et les galons, glands, crêtes, embrasses... sont tous réalisés d'après des techniques ancestrales.
La fabrication de passements avec des fils d'or, soie, laine ou velours se transmet depuis 1852 chez les Declercq qui sont fiers d'expliquer que 80 % des pièces sont faits main. Les artisans tissent sur les métiers à bras les tissus en fil de soie visibles sur le mobilier de Versailles, et des ouvrières façonnent à la main des ornements pour les rideaux commandés par les musées ou les décorateurs.
La passementerie est le « petit plus », la touche finale qui habille un rideau, tout comme une dentelle ou un bouton apporte de l'élégance à un vêtement.
La boutique actuelle n'est pas celle d'origine, les Declercq se sont installées à cette adresse il y a quelques années.
Le cadre est surprenant, il s'agit d'une ancienne mûrisserie de bananes, un bel espace avec mezzanine, balustrade en fer forgé et verrière. Les portraits des ancêtres veillent au destin de la Maison et surveillent discrètement les pièces fétiches de la collection visible dans des armoires immenses.
Si les Declercq travaillent selon des techniques ancestrales, la création contemporaine n'est pas pour autant absente : tradition et modernité s'y marient avec éclat. Les démonstrations sur métier et à l'établi permettent de découvrir l'univers méconnu de la passementerie et la fabuleuse collection familiale, véritable mémoire du métier depuis plus 150 ans.

En lieu et place des écuries royales

Le Pluvinel
Hôtel Regina
2, place des Pyramides, 75001 Paris
M° Tuileries
01 42 60 31 10, www.regina-hotel.com

Ouvert pour le petit déjeuner du lundi au vendredi de 7 h à 10 h, les samedi et dimanche de 7 h à 11 h et sur demande pour déjeuners et dîners privés

La rue de Rivoli, percée en 1801, fait partie des grands travaux impériaux dirigés par Percier et Fontaine. Léonard Tauber, fondateur de l'hôtel Regina en 1898, s'installe dans un immeuble Napoléon III situé à l'angle de la rue de Rivoli et de la rue des Pyramides. L'adresse, en face du Louvre et du jardin des Tuileries, est prestigieuse. Plusieurs éléments reflètent le confort et le raffinement de l'hôtel : la magnifique porte à tambour en chêne sculpté, l'une des rares à être conservée dans un hôtel, le vieil ascenseur à manivelle visible dans le hall d'entrée et occupé aujourd'hui par le standard, les anciens coffres-forts, les soubassements en céramique dans les couloirs à l'étage comme les verrières de l'escalier. L'hôtel construit dans la perspective de l'Exposition universelle de 1900 offrait un mélange de styles classique et Art nouveau. Après la crise de 1929, l'hôtel dut céder une partie de ses bâtiments : sur les 300 chambres il n'en resta plus que 120 ; la salle à manger, plus grande autrefois, perdit sa terrasse coiffée d'une verrière.
Pluvinel, nom oublié aujourd'hui, était écuyer d'Henri IV et le restaurant, à l'emplacement de l'ancien manège des écuries royales, porte tout naturellement ce nom.
La cheminée en bois ouvragé se rattache au style Majorelle et son trumeau, entièrement décoré de mosaïques sur fond or avec au centre une femme aux colombes entourée de motifs végétaux, est purement Art nouveau. Les verres gravés, les appliques, les magnifiques paravents en bois et verres biseautés, les dessertes et leur argenterie qui remontent à la création de l'hôtel, confèrent à ce lieu un charme particulier.
Le Regina est l'un des rares hôtels dirigé par la même famille, depuis quatre générations.

Jamais à court d'idées

Le Meurice
Hôtel Meurice
228, rue de Rivoli, 75001 Paris
M° Tuileries
01 44 58 10 10 , www.meuricehotel.fr

Ouvert du lundi au vendredi de 7 h 30 à 10 h 30 (de 7 h à 11 h le week-end), et de 12 h 30 à 14 h et de 19 h à 22 h

L'étonnante histoire de la famille Meurice commence à Calais où Charles Augustin Meurice (1739-1820), maître de poste et propriétaire d'une voiture de messageries « Le Chariot Royal », a l'idée géniale de créer en 1771 une auberge pour accueillir les Anglais qui débarquent en France. Quand son fils Louis Augustin (1773-1828) reprend l'affaire, il a une idée encore plus géniale. Conduisant les Anglais à Paris, il décide de créer un hôtel au terminus de la diligence et ouvre un premier établissement dans un quartier prestigieux, au 223, rue Saint-Honoré. Nous sommes en 1818, l'hôtel possède quelques chambres mais se démarque déjà par son confort et ses services : personnel anglophone, bureau de change, valets de place, veilleur de nuit, linge impeccable. Très vite l'hôtel devient un lieu privilégié « so british ». Les Anglais conçoivent le voyage comme un art de vivre où doivent se conjuguer harmonieusement le goût de l'exotisme et un grand confort.
Quand, en 1835, la rue de Rivoli est percée, l'hôtel déménage et s'installe face aux Tuileries, une adresse encore plus prestigieuse. Au début du XIXe siècle, l'hôtel s'agrandit et le nouveau propriétaire, Arthur Million, a de l'ambition. Il veut créer le plus bel hôtel d'Europe et l'architecte Henri Nénot dirige le projet. Le 15 mai 1907, l'hôtel est inauguré et le Tout Paris s'y donne rendez-vous. Nous sommes en pleine époque Art nouveau mais un hôtel de luxe doit avoir l'allure d'un palais. C'est donc le style Louis XVI et le décor de Versailles ou de Fontainebleau qui servent de modèles de référence. On le retrouve jusque dans l'ascenseur monumental, reproduction de la chaise à porteur de Marie-Antoinette.
Le Meurice, dont la décoration est inspirée du salon de la Paix du château de Versailles, donne sur les arcades de la rue de Rivoli. Sa hauteur de plafond (7,70 m), sa parure de marbre, ses cheminées monumentales, ses dorures, ses lustres de cristal qui brillent de mille feux et se réfléchissent à l'infini dans les miroirs, ses pilastres monumentaux, sa mosaïque au sol et ses peintures

réalisées par Poilpot, offrent un décor fastueux. Poilpot a peint au-dessus des cheminées des scènes galantes, à la manière de Watteau, et au plafond une ronde d'angelots, de femmes musiciennes, aux robes légères comme des voiles, qui s'amusent avec un personnage masqué vêtu d'un costume bariolé. Côté mobilier, la touche contemporaine revient à Philippe Starck, avec de simples cabriolets ou des fauteuils à col de cygne dans les tons argentés, et côté cuisine, au chef étoilé Yannick Alléno. Parmi les nombreuses personnalités qui s'attablèrent dans ce cadre, citons Nathalie de Goloubeff, muse de Gabriele d'Annunzio, Salvador Dali qui résidait un mois par an au Meurice, Picasso et Olga qui, en 1918, fêtèrent leur anniversaire de mariage avec Cocteau, Apollinaire et Diaghilev, leurs témoins, Coco Chanel, Florence Gould...

Voyage unique

Goyard
233, rue Saint-Honoré, 75001 Paris
M° Tuileries
01 42 60 57 04, www.goyard.com

Ouvert du lundi au samedi de 10 h à 19 h

L'essor et l'engouement des voyages, le développement du chemin de fer et des premières traversées maritimes incitent les malletiers à créer des nécessaires de voyages de grande qualité. Les fabricants de coffres, malles, bahuts et mallettes s'appellent jusqu'au XIXe siècle layetiers, coffretiers, emballeurs, et enfin malletiers. François Goyard entre en 1845 dans la Maison Morel, successeur de la prestigieuse Maison Martin, le layetier de la duchesse de Berry. Quand Morel s'éteint en 1853, François Goyard lui succède et s'installe au 233, rue Saint-Honoré où se situe la boutique et à l'entresol l'appartement familial. 25 ans plus tard, son fils Edmond prend la relève et invente une toile imperméable et inaltérable en lin, coton et chanvre pour recouvrir les malles. Le succès des articles de voyages de Goyard et son savoir-faire le propulsent malletier de la cour d'Angleterre, du tsar de Russie, de Conan Doyle, Sarah Bernhardt, Sacha Guitry, Garry Cooper...
Dans les années 1900, Goyard s'associe à des grands carrossiers pour concevoir des malles spéciales pour Bugatti, Delaye, Delage. Puis Air France leur commande des bagages légers, spécialement adaptés aux voyages par avion. En 1925, Robert, fils d'Edmond, puis François, son petit-fils, poursuivent la tradition. En 1998, la maison Goyard est cédée à la famille Signoles qui, en 2008, ouvre une nouvelle boutique, en face de celle remontant à 1853. Dans cette dernière, on trouve, entre autres, des accessoires pour animaux, renouant ainsi avec le département « chats, chiens et singes » crée en 1890. La boutique a conservé fière allure avec ses boiseries et son escalier à double révolution en acajou de Cuba classé. Il n'est pas sans évoquer l'ère des premiers paquebots et des voyages au long cours. Les malles les plus extraordinaires, pour pêche au gros ou à la mouche, pour pique-nique ou encore les malles à jeux, sont réalisées sur commande. Les malles, sacs et accessoires estampillés Goyard, sobres et élégants, reflètent l'une des particularités du luxe à la française.

Pour les amoureux de Proust

Angelina

226, rue de Rivoli, 75001 Paris
M° Tuileries
01 42 60 82 00

Ouvert tous les jours de 7 h 30 à 19 h, le dimanche de 8 h 30 à 19 h

Antoine Rumpelmeyer, confiseur d'origine autrichienne, ouvre sa première pâtisserie de luxe à Nice en 1870. Le succès l'incite à en créer d'autres à Menton, Aix-les-Bains et bien sûr à Paris où il s'installe, en 1903, en face du jardin des Tuileries, sous les arcades de la rue de Rivoli.
L'adresse est prestigieuse, à quelques pas de la place Vendôme et du Louvre, proche de l'opéra Garnier et des palaces tels le Ritz, le Meurice et le Crillon.

La clientèle chic ne tarde pas à venir en voisine, Coco Chanel y rencontre Marcel Proust, et les têtes couronnées, tel George V, s'y rendent volontiers lors de leur séjour parisien.
C'est l'architecte Edouard Niermans, célèbre à la Belle Epoque (voir p. 131), qui conçoit le lieu. Il imagine en façade une avant-salle avec caisse et présentoirs où le choix des délices sucrés, comme le fameux Mont-Blanc dont le secret est centenaire, invite le client à une première délectation visuelle.
Assis confortablement on laisse filer avec bonheur le temps qui semble suspendu.
Dans la grande salle, coiffée d'une verrière qui adoucit la lumière du jour, la corniche et ses moulures de stucs, les piliers ouvragés, les miroirs et les tableaux forment un cadre élégant et feutré.
Une immense toile de Lorans Meilbronn représentant la baie des Anges permet aux esprits rêveurs de s'évader vers Nice et le cap d'Antibes.
Le chocolat merveilleusement onctueux continue à attirer du beau monde et la possibilité désormais de s'y restaurer à midi a renouvelé la clientèle qui n'est plus seulement celle de nos grands-mères poudrées, gantées et chapeautées qui refaisaient le monde à l'heure du « teatime ».

Drôle de crémerie

Kusmi Tea

25, rue Danielle Casanova, 75001 Paris
M° Pyramides
01 42 50 24 97, www.kusmitea.com

Ouvert du lundi au samedi
de 11 h à 14 h et de 15 h à 20 h

La boutique Kusmi Tea est installée dans une ancienne crémerie datant des années 1930. La devanture, qui occupe le rez-de-chaussée et l'entresol, en marbre et fer forgé, présente une composition originale avec son enseigne « Beurre, œufs, fromage » en lettres verticales. A l'intérieur, le plafond, décoré d'une toile peinte fixée sous verre, est un magnifique témoignage Art déco. Il est d'autant plus intéressant qu'il est le seul plafond, parmi tous les plafonds recensés par Anne Bouillon, auteur d'une étude approfondie sur le sujet, à refléter ce style. Signé Benoist et fils, une famille qui a exercé le métier de peintre décorateur pendant trois générations, il est orné de motifs floraux stylisés aux couleurs pastels avec un graphisme typique. Ce style diffère complètement de tous les plafonds réalisés par les Benoist dans de très nombreux commerces parisiens (voir p. 173, 193) et c'est probablement l'une de leurs dernières réalisations.

A voir en passant

PENHALIGON'S

209, rue Saint-Honoré, 75001 Paris
M° Tuileries
01 49 26 91 66

Ouvert du lundi au samedi
de 10 h à 19 h 30

Cette ancienne boutique de vente de matériel de cuisine conserve une belle devanture bleu sombre avec son enseigne en lettres dorées rehaussée d'un sobre décor de deux cercles multicolores au graphisme Art déco. Les belles étagères en bois servent aujourd'hui d'écrin aux élégants flacons de la parfumerie de luxe anglaise Penhaligon's, créée à Londres en 1860.

Un beau bouchon

Aux Lyonnais
32, rue Saint-Marc, 75002 Paris
M° Richelieu-Drouot ou Bourse
01 42 96 65 04, www.auxlyonnais.com

Ouvert du mardi au vendredi de 12 h à 14 h et de 19 h 30 à 22 h

Niché dans une petite rue calme, ce bouchon lyonnais, ouvert en 1890, fait découvrir aux Parisiens ses spécialités et ses produits régionaux. Avec la proximité des théâtres, de l'Opéra comique et des Grands Boulevards le succès est au rendez-vous et une clientèle friande de cette cuisine de terroir s'y presse. Hier comme aujourd'hui l'atmosphère conviviale des bouchons lyonnais reste une tradition.
La salle du rez-de-chaussée, d'un beau volume, est décorée de boiseries, de moulures ouvragées, de soubassements en céramiques aux motifs de guirlandes de fleurs, ainsi que de luminaires et de miroirs qui multiplient l'espace. Le mobilier et les tables en chêne créent une ambiance chaleureuse. Au fond, un grand bar en bois recouvert de zinc et d'étain permet d'attendre autour d'un verre que les tables se libèrent.
Un bel escalier mène au premier étage décoré de jolis verres gravés et aménagé récemment en espace de détente avec des fauteuils clubs.
Depuis 2002, Aux Lyonnais a été repris par le chef Alain Ducasse qui a souhaité conserver l'esprit de cette maison plus que centenaire en maintenant « un bouchon lyonnais dédié à la cuisine lyonnaise. »
Le lieu continue donc d'être de tradition, convivial et festif.

VERRE
Bugey Cerdon Méthode Ancestrale Bernard Rondeau 6€
VINS BLANCS
2006 Bourgogne Aligoté "Dom. Paul Jacqueson" 5
2006 Petit Chablis "Dom. Dauvissat" 7
2006 Saint-Bris "Dom. Goisot" 8
2005 Châteauneuf-du-Pape "Le vieux Donjon" 14
VINS ROUGES
2006 Côteaux du Lyonnais "Dom. du Clos St-Marc" 5
2006 Beaujolais "Dom. Garlon" 6
2005 Côtes-du-Rhône villages "Château Signac" 8
2002 Gevrey-Chambertin 1er cru Lavaux St-Jacques "Dom. Harmand Geoffroy" 14
PRIX NETS
CLOCHEMERLE

Théâtral

Le Vaudeville

29, rue Vivienne, 75002 Paris
M° Bourse
01 40 20 04 62, www.vaudevilleparis.com

Ouvert tous les jours de 7 h à 1 h et jusqu'à minuit le dimanche

Le théâtre du Vaudeville a connu une histoire mouvementée qui entraîne bien souvent la confusion pour sa localisation. Fondé en 1791 près du Palais Royal et ravagé par un incendie en 1838, il s'installe en 1840 place de la Bourse dans l'ancienne salle des Nouveautés laissée vacante par la troupe de l'Opéra-Comique. En 1852, on y crée *La Dame aux camélias* d'Alexandre Dumas fils. Véritable triomphe, la pièce est jouée plus d'une centaine de fois, une première à Paris, et Verdi qui assiste à ce succès en

fait le sujet de son opéra *La Traviata* (1853). Exproprié à la fin du Second Empire, en raison du percement de la rue du Quatre Septembre, le théâtre du Vaudeville est reconstruit en 1868 sur le boulevard des Capucines. Une photo à gauche de la porte d'entrée montre les fiacres attendant devant les grilles du Palais Brongniart, le théâtre Vaudeville, le café Vaudeville, un ancien relais de poste et le chapelier Piver. Le succès de *La Dame aux camélias* assure au café sa notoriété mais, après la destruction du théâtre, l'adresse est moins courue. Le lieu périclite peu à peu. Après la guerre de 14-18, un nouveau propriétaire, ambitieux et soucieux de relancer l'affaire, confie au décorateur Solvet (qui réalise aussi le décor de la Closerie des Lilas et de la Coupole) le soin d'agrandir l'espace et d'imaginer un nouveau décor.

L'esprit Art déco se retrouve dans le moindre détail comme la géométrie cubiste : verres gravés, rosaces stylisées, appliques aux murs, plafonniers, panneaux de bois sculptés, colonnes cannelées, carrelage aux fleurs découpées, sculptures féminines aux lignes pures, et même bouches de chauffage et poignées de porte sculptées. Un magnifique lustre Art déco éclaire l'espace au fond de la grande salle où l'on remarque aussi le vestige d'un ancien escalier qui menait vraisemblablement au théâtre. Les larges travées, les murs revêtus de marbre et les miroirs complètent le décor de cette belle brasserie où journalistes et couturiers aiment se retrouver.

Galopin ou gallopin ?

Le Gallopin

4, rue Notre-Dame des Victoires, 75002 Paris
M° Bourse
01 42 36 45 38, www.brasseriegallopin.com

Ouvert tous les jours de 12 h à minuit

Le premier est un polisson, le second une mesure de bière. En 1876, Gustave Gallopin crée un débit à bière (actuel Café moderne) et lance une mesure de bière de 20 cl dite « le gallopin », connue aujourd'hui dans le monde entier, qu'il sert dans des chopes en argent pour conserver la bière fraîche. Après des années prospères, il ouvre en 1879 le premier bar anglo-américain de Paris. Dans un cadre luxueux, aux boiseries sombres en acajou de Cuba, on sert des cocktails variés très tendance à l'époque. Le bar en acajou, immense et d'une seule pièce, est le plus beau de Paris.
La personnalité de Mme Gallopin, qui appartient à un riche famille anglaise, les Wyborn, n'est pas étrangère à l'esprit du lieu. Ne lit-on pas sur l'enseigne « Stock Exchange Luncheon Bar ». Dans la perspective de l'Exposition universelle de 1900, Le Gallopin s'agrandit d'une seconde salle, décorée d'une cheminée, de carreaux de Delft et d'une belle verrière. De par sa situation, en face du palais Brongniart, Le Gallopin devient vite le royaume des boursiers. On y fête les fortunes acquises autour de la corbeille et, dans les années 1950, c'est probablement le lieu où l'on boit le plus de champagne à Paris. A l'époque, on avait installé, entre les deux piliers en face du bar, une baignoire en zinc pour garder les bouteilles au frais.
Le carrelage ancien, les lustres aux tulipes de verre, les chapelières en cuivre, les deux G entrecroisés de Gustave Gallopin gravés à l'acide sur les portes et les vitres, les vieilles pendules qui, comme à l'époque des boursiers, avancent de 5 mn, confèrent à cette maison un charme particulier.

Quand, en 1986, la Bourse adopte le système électronique, la fameuse corbeille du palais Brongniart est démontée. La clientèle se renouvelle et hommes d'affaire, couturiers, journalistes aiment se retrouver ici. La famille Alexandre, qui règne aujourd'hui sur la destinée de ce lieu, perpétue la tradition et, vous l'aurez compris, on ne peut quitter ce bar-restaurant sans boire un gallopin servi… dans une chope d'argent !

Dans un passage, un « couloir dérobé au jour » (Louis Aragon)

L'Arbre à cannelle
57, passage des Panoramas, 75002 Paris
M° Grands Boulevards
01 45 08 55 87

Ouvert de 12 h à 15 h et de 18 h 30 à 23 h sauf lundi et mardi soir

Le passage des Panoramas, construit à l'emplacement de l'ancien hôtel de Montmorency Luxembourg, tient son nom des « panoramas », deux immenses toiles peintes (17 m de diamètre sur 20 m de haut) qui furent l'une des grandes attractions des boulevards au début du XIXe siècle.
Ces panoramas disparurent en 1831, mais le passage resta un des lieux favoris de promenade pour les Parisiens qui aiment flâner dans « ces couloirs dérobés au jour ». Premier lieu public à avoir reçu l'éclairage au gaz en 1817, ce passage possédait plusieurs boutiques de luxe comme la pâtisserie Félix, la confiserie A la Duchesse de Courlande, la papeterie Susse, le graveur Stern, le chocolatier François Marquis.
L'arbre à cannelle se situe dans l'ancienne boutique de François Marquis dont le superbe décor est classé. Prenez un peu de recul pour voir en façade les pierres gravées où il est inscrit : thé de caravane, chocolats de qualité, café, vanille, objets d'étrennes, chinoiseries, objets de fantaisie etc. La ruche représente l'emblème de la maison Marquis.
La magnifique devanture en bois, avec ses colonnes cannelées et ses portes-fenêtres ouvragées, est remarquable. Des peintures, malheureusement écaillées mais encore visibles, représentent d'un côté « la torréfaction des feuilles de thé en Asie », de l'autre « la récolte du cacao en Afrique ».
A l'intérieur, le plafond peint à l'entrée est décoré de plantes exotiques (vanillier, cacao, caféier) et, sur le mur du fond en marbre, le monogramme FM (François Marquis) en lettres dorées est encore visible. L'ancienne boutique conserve son très beau plafond à caissons en cuir de Cordoue.
Un cadre d'une grand qualité décorative, dans l'un des passages de charme des Grands Boulevards, pour se restaurer à l'heure des repas.

Le fabuleux destin d'un magasin de nouveautés

Le Grand Colbert
2, rue Vivienne, 75002 Paris
M° Bourse
01 42 86 87 88, www.legrandcolbert.fr

Ouvert tous les jours de 12 h à 1 h

La rue Vivienne est bordée au XVIIe siècle par de vastes demeures où résident Colbert et Mazarin. Plus tard, plusieurs enseignes de magasins au nom de Colbert, qualifié de « grand » tant sa position auprès du Roi Soleil fut importante, verront le jour. Sous Louis-Philippe, on trouve à cette adresse un immense magasin de nouveautés, dit Le Grand Colbert, qui cède la place plus tard à un « bouillon ». L'emplacement est privilégié : il donne à la fois sur la rue Vivienne et sur la galerie Colbert, construite en 1827, qui conduit à la galerie Vivienne, sa rivale, inaugurée quelques années plus tôt.
Ces passages abrités, avec leur décor raffiné et leurs nombreuses boutiques, sont une grande attraction au XIXe siècle et les Parisiens aiment y flâner. Les murs du Grand Colbert sont ornés dans leur partie supérieure d'un élégant décor (il daterait de 1854), qui rappelle celui des maisons pompéiennes remises à la mode au Second Empire. Au sol, la magnifique mosaïque réalisée par l'Italien G. Faccina, qui existe à l'identique dans la galerie Vivienne, se déploie en grandes spirales jaune d'or et en cercles noirs qui tourbillonnent les uns autour des autres et semblent retenir prisonnières des étoiles à sept branches.
Dans les années 1990, après des années de fermeture, Le Grand Colbert est rénové. Un long bar cintré de cuivre doré est mis en place, des miroirs et des lustres à globes sont installés et une nouvelle page de l'histoire de ce restaurant commence à s'écrire. Son décor a servi de cadre à plusieurs films dont *Tout peut arriver* de Nancy Meyers : Jack Nickolson y dîne en tête à tête avec Diane Keaton.

Exotisme insolite chez un boulanger

Au Panetier
10, place des Petits-Pères, 75002 Paris
M° Bourse
01 42 60 90 23

Ouvert du lundi au vendredi de 7 h à 19 h 15

Cette boulangerie, créée en 1896, n'a malheureusement pas conservé sa devanture. A quelques pas de la place des Victoires et sur la charmante place des Petits-Pères, elle retient l'attention par son beau décor intérieur. L'espace de vente présente un plafond avec des moulures ouvragées et des murs recouverts de céramiques décorées de branches d'acacias ou de mimosas. La petite pièce à droite possède un surprenant décor, une sorte de fenêtre ouverte sur la nature.

Entièrement revêtue de céramiques aux motifs et aux couleurs très variés, on voit un curieux paysage représentant un parc, un étang, une belle demeure et au premier plan, une balustrade qui sert de perchoir à deux superbes perroquets blanc et bleu. Ce décor exotique n'a rien à voir avec l'enseigne d'un boulanger et il est assez rare pour être signalé. Les pains au chocolat du Panetier font courir grands et petits à l'heure du goûter !

L'élégance d'un boudoir pour le pâtissier du roi

Stohrer
51, rue Montorgueil, 75002 Paris
M° Sentier, Etienne Marcel, Châtelet Les Halles
01 42 33 38 20, www.sthorer.fr

Ouvert tous les jours de 7 h 30 à 20 h

La boutique de ce pâtissier-traiteur est une petite merveille rarissime dans le Paris d'aujourd'hui. La devanture et le décor intérieur sont classés Monument historique. Nicolas Stohrer, pâtissier-cuisinier de Stanislas Leszczynski, roi de Pologne, arrive en France avec la cour de Marie Leszczynska à l'occasion de son mariage avec Louis XV en 1725. 5 ans plus tard, Stohrer s'installe rue Montorgueil, à l'emplacement d'un ancien parc à huîtres, dans une rue très commerçante qui est le centre des arrivages de poissons et surtout des huîtres. Juste à côté de son échoppe se trouve le « Bureau des chaises à porteurs ».
Le plafond peint a été réalisé par l'atelier Thivet, l'un des deux grands ateliers spécialisés dans la décoration des boutiques sous le Second Empire.
Les gracieuses *Renommées*, légèrement vêtues de voiles transparents semblent flotter dans l'air. L'une tient des babas et des savarins, l'autre une feuille de laurier et un petit panier de fleurs. Elles sont l'œuvre de Paul Baudry (1864), peintre académique et mondain très en vogue sous Napoléon III qui réalisa le décor du grand foyer de l'opéra Garnier et celui de plusieurs hôtels particuliers, dont celui de la duchesse de Galliera. Le choix de Thivet et de Baudry montre que les commerçants à cette époque n'hésitaient pas à mettre le prix et à faire appel à des artistes de renom pour décorer leur boutique. La concurrence était vive et chacun voulait se démarquer.
Stohrer a inventé le baba, une brioche sèche arrosée de vin de Malaga, parfumée au safran et enrichie de crème pâtissière, de raisins secs et raisins frais. Le roi, savourant ce nouveau gâteau, dit-on, en lisant les contes des *Mille et une Nuits*, le baptisa « Ali-Baba », mais le mot « baba » signifie aussi grand-mère en polonais. Difficile de résister aux douceurs sucrées (assez chères), baba et puits d'amour, bien sûr, mais aussi aux mont-blanc, criollo, rosier, ambre, antharès ou à des délices plus exotiques comme le nouméa ou le barbade.

Une perle rare

Tecla

2, rue de la Paix, 75002 Paris
M° Opéra
01 42 61 03 29, www.tecla.fr

Ouvert du lundi au samedi de 10 h 30 à 19 h

La devanture ancienne encadrée par deux boudhas tenant un collier de perles interpellera le promeneur curieux. Cette boutique, au charme discret, abrite le seul joaillier français spécialisé dans la perle de culture. Selon la légende, cet objet de parure raffinée est « une goutte de rosée tombée du ciel les nuits de pleine lune ». En réalité, la perle est un surprenant accident de la nature. Tout commence avec un grain de sable ou un minuscule parasite qui vient se loger dans l'huître qui, au fil du temps, fabrique une perle fine. A partir de 1909, les Japonais découvrent comment se substituer à la nature en introduisant un morceau de nacre dans l'huître. Le mollusque se défend contre ce corps étranger en l'enveloppant de couches de nacre, aux couleurs les plus variées selon la région du monde. Ainsi est née la perle de culture.
En 1912, Jo Goldman saisit l'importance de cette création et de son avenir dans la joaillerie.

Rue de la Paix à Paris, une adresse prestigieuse, il crée une boutique à laquelle il donne le nom de Técla, anagramme d'éclat. Spécialisé dans les bijoux fantaisie, il ne tarde pas à être le premier à importer la perle de culture du Japon et à lui donner ses lettres de noblesse, en créant des bijoux de haute joaillerie. En 1920, il demande au décorateur Jansen de lui concevoir une boutique tendance, c'est-à-dire Art déco, avec un décor rehaussé d'un exotisme rare, en y intégrant un ensemble de panneaux du XVIIIe siècle en laque de Coromandel. Toujours visibles aujourd'hui, ces panneaux historiés proviennent d'anciens paravents et se lisent de droite à gauche en entrant. Ils racontent l'histoire d'un général dont la visite est annoncée au palais. L'empereur et la cour se préparent à l'accueillir, les femmes du palais s'activent et les musiciens se mettent en place. Plus loin, on voit des scènes de jardin, de pêche à la ligne dans le parc. La frise inférieure évoque des scènes de palais et la frise supérieure montre la variété des animaux et des oiseaux vivant dans le parc. Aujourd'hui tout est resté en place et cette boutique est un vrai petit joyau. Depuis un siècle les bijoux créés par Técla reflètent l'élégance féminine. Sonia de Maigret-Ledoux règne aujourd'hui sur la destinée de cette maison dont elle conçoit les bijoux réalisés par des artisans hautement qualifiés. Chaque perle est unique. La variété des formes et des couleurs, perles grises de Tahiti, jaune ou rose d'Australie, baroque des mers du sud, offrent aux visiteurs un surprenant voyage autour du monde.

Saisissant contraste

Starbucks coffee Capucines
3, boulevard des Capucines, 75002 Paris
M° Opéra
01 42 68 11 20

Ouvert du lundi au jeudi de 7 h à 22 h 30,
jusqu'à 23 h le vendredi,
les samedi et dimanche de 8 h à 22 h

C'est à Seattle en 1971 que le premier magasin Starbucks voit le jour.
Jerry Baldwin, Zev Siegel et l'écrivain Gordon Bowker, passionnés de café, s'associent et décident d'ouvrir ensemble leur premier commerce pour vendre du café en grains de haute qualité. Le nom Starbucks a pour origine le nom de l'officier Starbuck, l'un des personnages principaux du célèbre roman *Moby Dick* d'Herman Melville évoquant la pêche et l'industrie baleinière au XIXe siècle. L'association avec la navigation et la mer rappelle aux trois partenaires l'ambiance qui caractérisait Seattle à cette époque. D'où le logo de l'enseigne, une sirène couronnée.
Paris compte près d'une trentaine de Starbucks coffee, chaîne phare d'un concept américain très tendance.
Surprenant Starbucks où le flâneur parisien peut faire une pause coffee ou frappuccino, agrémentée de saveurs sucrées ou salées, assis confortablement dans un décor de stucs dorés, de colonnes en faux marbre, de guirlandes de fleurs peintes et d'angelots qui volent et dansent aux plafonds.
Décor pour le moins insolite pour ce café où personne n'a pu nous renseigner sur l'histoire du lieu et l'origine de son décor. Probablement sommes-nous ici dans des salons d'un ancien hôtel particulier d'une famille bourgeoise des Grands Boulevards ?
Au n°1 existait déjà dans les années 1900 le Café Napolitain fréquenté par des journalistes, des écrivains et des artistes.

Hymne à l'Alsace

Chez Jenny
39, rue du Temple, 75003 Paris
M° République
01 44 54 39 00, www.chez-jenny.com

Ouvert tous les jours de 12 h à minuit et jusqu'à 1 h les vendredi et samedi

En 1930, Robert Jenny tient un kiosque de produits du terroir à l'Exposition coloniale où il vend les spécialités de son Alsace natale. Paris le séduit et il décide de s'y installer.
En 1932, il inaugure, dans l'ancienne salle de bal *Victor*, la brasserie Chez Jenny, dans le quartier du « boulevard du crime », surnom qui lui venait des mélodrames joués dans les nombreux théâtres du boulevard du Temple.
Robert Jenny voit grand en choisissant cet espace et, pour lui donner une ambiance de *winsturbs* d'Alsace, il fait appel à Charles Spindler (1865-1938), peintre et marqueteur alsacien célèbre, qui décore les salles du premier étage. Cet artiste saisissait, par la photographie et l'aquarelle, des paysages ou des scènes intimistes qui lui servaient de canevas pour ses marqueteries.
Dans la salle Colmar, il réalise le grand tableau représentant Colmar avec ses monuments célèbres, et plusieurs portraits de personnages historiques comme le général Rapp, Hansi, Bartholdi représenté avec la statue de la Liberté, etc.
A sa manière, il réinvente la marqueterie en l'utilisant comme technique picturale.
La salle Spindler est la plus spectaculaire : elle est décorée de 20 tableaux représentant des paysages d'Alsace, des travaux des champs, des bûcherons, des vendanges, des vues de village avec des vols de cigognes.
De loin, ces tableaux donnent l'impression d'être peints. Ce remarquable travail de marqueterie se compose d'essences de bois rares (érable du Canada, bouleau de Finlande, thuya du Maroc, loupe de Birmanie...)
Dans les années 1950, un nouveau propriétaire commande à Jean-Jacques et Albert Erny un ensemble de boiseries sculptées ainsi que la sculpture grandeur nature représentant une Alsacienne, vêtue de son costume traditionnel et brandissant une généreuse grappe de raisin, qui accueille la clientèle à l'entrée.
Cette authentique brasserie alsacienne, reprise par les frères Blanc en 2000, sert depuis des décennies la classique choucroute.

La 1ère bière à pompe de Paris

Bofinger
5-7, rue de la Bastille, 75004 Paris
M° Bastille
01 42 72 87 82, www.bofingerparis.com

Ouvert du lundi au samedi
de 12 h à 15 h et de 18 h 30 à minuit,
les dimanche et jours fériés de 12 h à minuit

En 1864, Frédéric Bofinger ouvre, à l'emplacement de l'actuelle entrée et du bar, une brasserie, à une époque où elles ne sont pas encore à la mode à Paris. C'est le premier établissement à servir de la bière « à la pompe » c'est-à-dire à la pression et bien mousseuse. La clientèle du quartier, populaire et industrieuse, comme la colonie alsacienne qui y travaille le bois depuis le XVIe siècle, s'y précipite et bientôt la réputation du lieu gagne tout Paris.
En 1906, Frédéric Bofinger cède l'affaire à son gendre qui s'associe avec Louis Baraud. En 1919, ils décident de s'agrandir. Ils achètent la crémerie et la boulangerie qui jouxtent le débit de bière (elles constituent aujourd'hui les deux salles du rez-de-chaussée donnant sur la rue) ainsi que l'entrepôt de charbon dans une arrière-cour où se trouve la salle avec la verrière. L'architecte Legay et le décorateur Mitgen restructurent l'espace immense et créent le bel escalier qui mène à une suite de salons.
Au rez-de-chaussée, les grands miroirs biseautés reflètent la lumière à l'infini, la coupole aux glycines est réalisée par Neret et Noyé, les luminaires tulipes sont exécutés en pâte de verre de Lunéville et les grands vases du céramiste niçois Jérôme Massier ponctuent le décor.
Au premier étage, les boiseries rehaussées de petits tableaux de marqueterie aux différentes essences de bois et de nacre sont l'œuvre de l'Italien Panzani. Dans le petit salon dit des « Cinq Continents », chaque marqueterie représente un continent au lever et au coucher du soleil. En 1931, Bofinger s'agrandit du salon Hansi, du nom du dessinateur et peintre célèbre qui le décore de plusieurs tableaux représentant des paysages d'Alsace. Le grand tableau en marqueterie de Charles Spindler évoque une « fête villageoise en Alsace ». Hansi a dessiné l'enseigne (1928) représentant deux petits Alsaciens en costume folklorique. En 1982, l'établissement en perte de vitesse est repris par Georges et Marie-Louise Alexandre qui le relance puis le cède au groupe Flo en 1996. Bofinger, à la croisée des quartiers vivants et branchés de la Bastille et du Marais, en face de l'Opéra, reste la brasserie la plus célèbre du quartier.

On dîne chez ma tante

Le Dôme du Marais

53bis, rue des Francs-Bourgeois, 75004 Paris
M° Rambuteau, Hôtel de Ville ou Saint-Paul
01 42 74 54 17, www.ledomedumarais.fr

Ouvert du mardi au samedi de 12 h à 2 h,
le dimanche de 11 h 30 à 18 h

À la fin de l'année 1777, Louis XVI favorise l'installation d'un mont-de-piété à Paris. Son ouverture officielle a lieu rue des Blancs-Manteaux le 9 février 1778. Le succès entraîne son agrandissement et deux immeubles, rue de Paradis, aujourd'hui rue des Francs-Bourgeois, sont acquis dans cette perspective. L'architecte Charles François Viel est chargé du projet. Il conçoit un édifice circulaire, comme la halle au blé de 20 ans antérieure, surmonté d'une coupole en pierre avec voûte percée d'un oculus.

La salle des ventes, commencée en 1783, est achevée peu de temps avant la Révolution. Un peu plus d'un siècle plus tard, les activités se développant, une seconde extension s'impose et l'architecte Blanchard remplace la coupole en pierre par un dôme métallique en verre gravé (nous sommes à l'époque d'Eiffel) et une galerie circulaire est installée sur une partie de la rotonde à mi-hauteur. Dans les années 1930, le Crédit municipal, qui a remplacé le mont-de-piété depuis 1918, trouve cette salle trop exiguë et décide de ne plus l'utiliser comme salle des ventes.

Depuis 1981, le Crédit municipal, toujours propriétaire, a accepté de signer un bail pour l'installation d'un restaurant. Le peintre Roger Bénévant transforme les lieux auxquels il donne une allure théâtrale. Il imagine un décor « retour de Pompéi » par un élève de Viollet-le-Duc. Les soubassements sont peints, des bandeaux de couleur or soulignent la galerie circulaire, les niches semi-circulaires sont peintes d'arabesques. Une grande partie du décor est réalisée à la feuille d'or, d'argent, de cuivre et d'aluminium, suivant la technique à la mixtion. Un cadre insolite pour un dîner romantique. En 2011, les nouveaux propriétaires ont créé un salon de thé dans la charmante cour intérieure.

Café LE LOUIS PHILIPPE
RUE
DES BARRES
&
FILS

Côté rue et côté Seine

Café Louis-Philippe

66, quai de l'Hôtel de Ville, 75004 Paris
M° Pont Marie ou Hôtel de Ville
01 42 72 29 42, www.cafelouisphilippe.com

Ouvert tous les jours de 10 h 30 à 2 h

L'origine de cette brasserie remonte vraisemblablement au milieu du XIXe siècle. Au rez-de-chaussée, on trouvait à l'origine deux commerces, d'où la marche entre les deux salles qui en marquait la séparation.
Côté Seine, existait un estaminet et côté rue de l'Hôtel de Ville se trouvait un chapelier. Difficile de savoir quand les deux salles ont été réunies.
Comme beaucoup de cafés les noms ont changé au gré des propriétaires.
En 1908, il s'appelle le Café Teisseidre ; en 1960, Chez Hamon, époque où Hemingway, dit-on, venait y déjeuner ; en 1971, l'établissement est connu sous le nom de Brasserie Louis-Philippe.
Depuis 1991, les sympathiques frères Girousse, propriétaires, le nomment Café Louis-Philippe.
Le très bel escalier en colimaçon qui dessert le premier étage d'où l'on jouit d'une très jolie vue sur la Seine, l'île Saint-Louis et l'église Saint-Gervais-Saint-Protais, serait de l'atelier d'Eiffel.
Quant au bar en bois, il est typique de l'époque Art déco avec ses cannelures et ses plaques de laiton aux rosaces stylisées.
La situation privilégiée, la terrasse et l'ambiance restée dans son « jus », avec ses verres gravés et ses murs patinés, ont attiré le 7e art.
Des scènes notamment de *La Neuvième Porte* de Roman Polanski avec Johnny Depp y sont situées et, l'été 2010, l'équipe de la série *Gossip Girl* y a tourné quelques séquences.

Une ex-boulangerie où l'on festoie

Chez Julien
1, rue du Pont Louis-Philippe, 75004 Paris
M° Pont Marie
01 42 78 31 64

Ouvert tous les jours de 12 h à 14 h 45 et de 19 h 30 à 23 h 30

Il faut prendre un peu de recul pour admirer ce tableau des rues de Paris que constituent le restaurant Chez Julien, la rue des Barres avec ses vieux pavés, son bouquet de verdure et le chevet de l'église Saint-Gervais-Saint-Protais. Cette distance permet également de comprendre que ce restaurant se compose de deux anciens commerces voisins, aujourd'hui réunis.
Au coin de la rue des Barres, se trouvait une auberge Le Pigeon blanc ou Aux deux pigeons, dont on voit encore la grille (1820) caractéristique des débits de boisson. La boutique à grille est le résultat d'une ordonnance royale de 1729 obligeant les marchands de vin à fermer entièrement leur commerce. Le barreaudage de la grille est couronné de lances, motif hérité de l'Antique sous Louis XVI, et d'une pomme de pin, emblème très ancien. En effet, elle indiquait déjà à Athènes, où les tonneaux étaient enduits de résine, l'enseigne d'un cabaret. En France, la pomme de pin a été l'une des enseignes typiques des cabarets et des débits de boisson.
Au coin de la rue du Pont Louis-Philippe se situait une boulangerie ouverte dans la seconde moitié du XIXe siècle. Plus tard, de vieilles photos indiquent que se trouvait dans cet immeuble l'hôtel du Balcon dont l'entrée était au 1, rue du Pont Louis-Philippe.
Le décor de l'ancienne boulangerie signé « Gilbert, rue Marie Stuart 6 », est conservé à l'extérieur comme à l'intérieur. La devanture avec ses quatre panneaux où l'on voit la semeuse, un moulin, des gerbes de blé et les inscriptions « croissants, brioches, pains de seigle français et viennois », nous renseignent sur la raison sociale du commerce. Le ravissant plafond fixé sous verre est décoré de bouquets de fleurs des champs, de lilas, de roses, et de dahlias sur les quatre côtés, et d'angelots aux quatre angles. La terrasse aux beaux jours est l'une des plus charmantes de Paris et dîner en amoureux le soir aux chandelles est un moment privilégié.

Le café de poche a bien grandi

Le Petit Marcel
65, rue Rambuteau, 75004 Paris
M° Rambuteau
01 48 87 10 20

Ouvert tous les jours de 8 h à 1 h, fermé en août

A l'origine existaient deux enseignes mitoyennes, un café et une boucherie qui a fermé en 1996. Quand Frank Renaudin reprend le Petit Marcel en 2003, il achète l'ancienne boucherie dans le but de s'agrandir.
Il fait abattre le mur qui sépare les deux commerces et pour donner une unité au lieu, il prolonge le décor du café en faisant refaire, par des artisans spécialisés, le décor de céramique sur la partie basse des murs, de stuc au plafond et verres peints en devanture.
Une photo montre Mme Henri derrière le bar où elle a régné pendant 60 ans à l'époque où les halles étaient encore « le ventre de Paris ». Elle n'en reviendrait pas que son petit café se soit agrandi en traversant le mur du boucher !
Côté bar, le décor a été conservé (plafond avec stucs, frise évoquant une treille où volent des oiseaux, carrelage, revêtements de céramique au plomb).
Le bar ancien est peut-être une pièce rapportée, quant à la belle devanture en bois ouvragé, elle conserve ses fenêtres avec des motifs peints sur verre. On y voit deux hommes et deux femmes, l'une portant un pot au lait, l'autre se coiffant. Si vous êtes observateur, vous ne manquerez pas de remarquer un détail émouvant sur le mur, à droite du bar. Il s'agit de la plaque en émail apposée par les Laroche, propriétaires du Petit Marcel avant Mme Henri, à la mémoire de leurs fils Paul et Louis morts pendant la guerre de 14-18.
Aujourd'hui, on s'arrête au Petit Marcel pour le petit noir du matin ou pour s'y restaurer et se reposer de l'effervescence alentour.
C'est l'un des rares cafés des Halles à avoir survécu aux bouleversements du quartier.

LE PETIT MARCEL
PLATS DU JOUR

Un décor classé signé Charles Anselme

Au Petit Versailles du Marais

1, rue Tiron, 75004 Paris
M° Pont Marie
01 42 72 19 50

Ouvert du lundi au samedi de 7 h à 20 h

Cette boulangerie du Marais a probablement toujours porté ce nom et son décor classé, qui remonte à 1865, a été inspiré par son enseigne. Un grand nombre de boulangeries se sont installées à des angles pour bénéficier du pan coupé et de la possibilité de multiplier les panneaux qui attirent et informent la clientèle sur les spécialités. Seuls deux des huit panneaux qui existaient autrefois subsistent ; ils représentent une semeuse et un faucheur : ils ont fière allure et ressemblent plutôt à des citadins. Les deux très beaux plafonds signés Charles Anselme présentent un décor inspiré par le thème des Saisons figurant aux angles sous forme de paysages qui rythment le cycle des travaux. Les bouquets de fleurs des champs, coquelicots, marguerites et bleuets mêlés aux épis de blé, sont une décoration courante dans les boulangeries. Dans le ciel volettent des hirondelles et des papillons. Mme Panier, actuelle propriétaire, a l'intention de faire disparaître quelques verrues qui déparent (climatiseur et étagères) et masquent des éléments du décor.

On n'y trouve pas de vin de messe

Le Buisson ardent
25, rue Jussieu, 75005 Paris
M° Jussieu
01 43 54 93 02, www.lebuissonardent.fr

Ouvert tous les jours de 12 h à 15 h et 19 h à 23 h, le samedi seulement le soir

Ce restaurant s'élève sur l'ancien site de l'abbaye Saint-Victor, détruite pendant la Révolution. Son nom énigmatique viendrait de divers établissements aux alentours qui auraient porté cette enseigne.
Au fronton du porche de l'immeuble, une pierre sculptée représente symboliquement l'épisode du buisson ardent, relaté dans la Bible, au cours duquel le Dieu du monothéisme fut révélé à Moïse.
Le restaurant, installé dans un ancien relais de poste, remonte à 1925, époque où ont été réalisées les 9 peintures qui représentent plusieurs paysages au bord d'une rivière, des pastorales, deux scènes galantes traitées dans l'esprit de Watteau et deux natures mortes.
Jean Thomas Lopez, propriétaire, propose une cuisine de bistrot élaborée et une bonne sélection de vins.

En rêvant aux rives du Bosphore

Le Café maure de la Mosquée de Paris

39, rue Geoffroy Saint-Hilaire, 75005 Paris
M° Monge, Censier ou Jussieu
01 43 31 18 14

Ouvert tous les jours de 9 h à minuit

Les beaux bâtiments blancs de la Grande Mosquée avec leurs toitures en tuiles vertes vernissées et la silhouette de l'imposant minaret interpellent bien des promeneurs. Plusieurs cours jardins invitent à s'asseoir à l'ombre des oliviers et à laisser filer le temps en partageant un narguilé. Le décor du salon de thé, avec ses colonnes, ses murs ocre rouge et jaune, ses arcs polylobés, ses verrières aux motifs géométriques rouges et verts, ses sofas grenat et ses petites tables au plateau de laiton, vous transporte sur les rives du Bosphore et vous donne envie de relire Pierre Loti. Merveilleux endroit pour un instant de détente et de dépaysement autour d'un délicieux thé à la menthe accompagné de saveurs sucrées : cornes de gazelle, kataif, makroud... dont les noms contribuent à un voyage imaginaire vers un Orient enchanteur.
Le Café maure fait partie de l'Institut musulman, inauguré en 1922, qui a trois vocations : religieuse, avec la mosquée de Paris et son ravissant jardin de roses, intellectuelle avec l'Institut d'études musulmanes et commerciale avec le Café maure, le restaurant, le souk et le hammam.

Il a traversé les siècles

Le Procope
13, rue de l'Ancienne Comédie, 75006 Paris
M° Odéon
01 40 46 79 00

Ouvert tous les jours de 8 h à minuit, les samedi et dimanche de 8 h à 1 h

L'ancienne rue des Fossés Saint-Germain (appelée rue de l'Ancienne Comédie à partir de 1770 quand les comédiens du Français la quittent), devient vite célèbre dans Paris quand un Sicilien ouvre à l'emplacement du *Bain du Saint Suaire de Turin*, le premier café glacier de la capitale.
Nous sommes en 1686 quand Francesco Procopio Dei Coltelli a l'idée géniale d'ouvrir son café en face du théâtre des Comédiens français qui deviennent vite des habitués, comme le seront Molière et Racine. On y sert des cocktails au nom poétique comme la Rosée du soleil, des fruits confits et des glaces, une première pour les Parisiens.
Le Procope peut s'enorgueillir d'avoir été le lieu de rendez-vous le plus couru des sommités littéraires et artistiques du siècle des Lumières. Des conversations éclairées entre Voltaire (qui y situe le cadre de sa comédie *Le Caffé ou l'Ecossaise)*, Rousseau et Diderot, naîtra *L'Encyclopédie*.
Beaumarchais y fête la première du *Mariage de Figaro* en 1784. Pendant la Révolution, le Procope accueille Danton, Marat, Robespierre et Camille Desmoulins. Les meilleurs joueurs d'échecs s'y affrontent et, au premier étage, on joue au billard. Au XIXe siècle, Balzac, Musset, Hugo, Verlaine, Oscar Wilde, le fréquentent, Zola, Huysmans et Maupassant participent au « dîner Bœuf nature ». En 1900, le Procope ferme ses portes et la destinée de la maison chancelle entre les mains de divers propriétaires.
En 1987, les frères Blanc reprennent l'établissement et le restaurent. Sensibilisés par le passé prestigieux de cette maison, et peut-être en souvenir de ce qu'en disait Texier en 1852 : « En aucun lieu au monde on ne hume le café avec tant d'aise, de confort, de joyeux et brillants accessoires », ils l'aménagent comme une demeure privée à l'allure d'un musée : tableaux, mobilier, objets, miroirs, bibelots, les murs tendus de tissus, les rideaux qui habillent les fenêtres et les documents répartis dans les nombreux salons. Son cadre et son histoire littéraire éveillent l'intérêt des Français et séduit la curiosité des étrangers.

ROUGE

Des volaillers aux croqueuses de diamants

Lapérouse

51, quai des Grands Augustins, 75006 Paris
M° Saint-Michel ou Odéon
01 43 26 68 04, www.laperouse.fr

Ouvert tous les jours de 9 h à minuit

Ici existait au XVIIIe siècle un grand marché à la volaille, dit de la Vallée, et un couvent. En 1780, *l'Almanach parisien* situe en ce lieu une boutique de marchands de vins « la Taverne du marché de la Vallée », où les volaillers font leurs comptes en toute sécurité (tout se règle en liquide ou en or) dans des chambres mises à leur disposition au premier étage. Quand le marché déménage, l'estaminet perd sa clientèle. Les éditeurs, imprimeurs et écrivains installés dans le quartier la renouvellent quand, en 1878, Jules Lapérouse achète

l'établissement et y crée un restaurant. Il a l'idée de transformer les chambres, où se réunissaient les volaillers, en petits salons raffinés et en cabinets très accueillants. Maupassant, Zola et Dumas fils le fréquentent, des politiques s'y réunissent et des familles viennent y goûter, Victor Hugo y vient avec ses petits-enfants. Quant aux bons vivants, ils se faufilent par les escaliers dérobés et retrouvent leurs maîtresses pour de joyeux ébats (les parties fines ont d'autant plus de succès que la loi ne punissait pas un constat d'adultère enregistré dans un lieu public). Un souterrain secret existerait entre Lapérouse et le Sénat.
Dans les années 1930, Lapérouse reste un grand restaurant puis sa renommée baisse. Montherlant continue cependant à y déjeuner régulièrement.
En 1985, Georges Alexandre rénove et relance l'établissement où il crée un bar au rez-de-chaussée. Quand on emprunte le long couloir aux murs recouverts de cuir de Cordoue, un parfum de mystère flotte dans l'air et les fantômes des personnalités qui fréquentèrent les lieux (Manet, Tourgueniev, Corot, Baudelaire, Rossini, Delacroix, Curnonsky...) semblent vous frôler. Le salon de la belle Otéro, dont parle Proust, était le salon préféré de Curnonsky. Celui des Amours a des miroirs griffés et le salon des Sénateurs, où se réunissaient ces messieurs, était doté d'une petite porte qui permettait de rejoindre discrètement sa maîtresse dans le salon d'à côté. La très belle façade sur la Seine et la rue des Grands Augustins conserve un décor intéressant.

Florilège d'Art nouveau

Bouillon Racine

3, rue Racine, 75006 Paris
M° Odéon ou Cluny La Sorbonne
01 44 32 15 60, www.bouillon-racine.com

Ouvert tous les jours de 12 h à 23 h

Au cœur du quartier Latin, le Bouillon Racine se situe dans une rue tranquille entre le théâtre de l'Odéon et le boulevard Saint-Michel, plaque tournante de ce fief d'étudiants.

Avant d'entrer dans ce beau lieu, un des fleurons de l'Art nouveau à Paris, il faut prendre du recul pour admirer la façade et les décors intérieurs classés en 1995. On voit qu'à l'origine il existait une annexe (à droite) qui était un comptoir de vente. En 1905, ce bouillon appartient à Camille Chartier, propriétaire de plusieurs restaurants populaires dans Paris (voir p. 86, 152). Souhaitant « anoblir » ses bouillons, Camille Chartier leur donne un décor grandiose. En 1907, il confie la décoration à l'architecte Jean-Marie Bouvier qui suit l'inspiration Art nouveau de son époque et c'est le maître-verrier Louis Trézel qui réalise les panneaux de pâte de verre. Les héritiers Chartier cèdent le restaurant vers 1927 à Jousseau qui, lui, le cède dans les années 50 à la Sorbonne. Devenue la cantine de l'université jusqu'en 1998, le lieu est laissé à l'abandon puis racheté par des brasseurs belges qui le réhabilitent entièrement. Les boiseries sont repeintes couleur vert Java et la restauration de l'ensemble est réalisée par les Compagnons du Devoir qui lui redonnent son faste d'antan. La salle du rez-de-chaussée (le bar est un ajout récent), par les jeux de miroirs, semble beaucoup plus vaste. Au fond, à gauche du bar, la verrière est décorée de roses trémières, de tournesols, d'iris, d'hortensias et le mur est tapissé de petits tableaux en pâte de verre aux motifs floraux signés Trézel.

À l'étage, deux fenêtres (à gauche de l'escalier) sont décorées d'une ravissante verrière aux iris bleus enlacés dans un tourbillon végétal. La salle, particulièrement lumineuse avec ses grandes baies vitrées ouvrant sur la rue, se termine par une sorte d'alcôve. La partie supérieure des soubassements est décorée d'un bandeau d'iris jaunes et violets qui courent tout autour de la salle.

Gloire aux aviateurs et aux écrivains

Lipp
151, boulevard Saint-Germain, 75006 Paris
M° Saint-Germain-des-Prés
01 45 48 53 91, www.groupe-bertrand.com

Ouvert tous les jours de 11 h à 00 h 45

En 1880, l'Alsacien Léonard Lipp ouvre la *Brasserie des bords du Rhin* à un carrefour stratégique de Saint-Germain-des-Prés. À cette époque, seule existe la première salle et au fond un comptoir. La devanture daterait de cette époque mais la « terrasse fermée » date de 1947.
A la veille de la Première Guerre mondiale, un certain Hébrard, propriétaire, fait réaliser le décor par le céramiste Léon Fargue, frère de Léon-Paul Fargue. Il imagine un ensemble de plantes exotiques, bananiers, cactées, palmiers, bambous... dessinées avec une précision de botaniste. En 1920, Marcellin Cazes rachète l'établissement qu'il agrandit et sa personnalité va largement contribuer à sa renommée.
Le bar se situe dans une ancienne cour qui jusqu'en 1992 possédait une verrière. La seconde salle, également à l'emplacement d'une ancienne cour, est construite en 1925 par l'architecte Madeline et décorée de panneaux de céramique identiques à ceux de la première salle. Les peintures marouflées des plafonds, œuvre d'un peintre américain Charles Garry ou Garrey, exhibent des Africaines aux seins nus, sensuelles et au charme exotique, au milieu de feuilles de bananiers, de perroquets et de singes, comme ceux découverts récemment sous l'escalier, invisibles à cause de décennies de nicotine.
Saint-Germain-des-Prés, royaume de l'édition, est un quartier de prédilection pour les écrivains et Lipp, comme le Flore et Les Deux Magots, fait partie de leurs lieux favoris. Hemingway évoque Lipp dans *Paris est une fête*, comme plus tard Gabriel Matzneff dans *Boulevard Saint-Germain*, Jacques Laurent y a écrit *Les Bêtises* et Jean-Edern Hallier y venait régulièrement.
Cependant, la renommée mondiale de Lipp dans les années 1930 n'est pas due aux écrivains mais aux aviateurs. Quand, en 1927, Charles Lindbergh réalise la première traversée de l'Atlantique et atterrit au Bourget, c'est chez Lipp qu'il vient dîner. Dehors, plus de 500 personnes attendent le héros.

Le lendemain Lipp est lancé ! Comme Lindbergh, Américains et Européens de passage à Paris viennent s'attabler chez Lipp. Quand Saint-Exupéry se perd dans le désert de Libye et qu'on le croit mort, c'est chez Lipp qu'il retrouve sa femme Consuelo à son retour à Paris.
La carte n'a pas changé depuis 50 ans, chaque jour de la semaine un plat du jour spécifique est servi et pour rien au monde les habitués ne souhaiteraient que cela change. Aujourd'hui, Lipp appartient au groupe Bertrand qui perpétue cette tradition.

Un luxe inouï pour un bouillon

Vagenende
142, boulevard Saint-Germain, 75006 Paris
M° Odéon
01 43 26 68 18, www.vagenende.fr

Ouvert tous les jours de 12 h à minuit

Les frères Chartier ouvrent plusieurs bouillons rive gauche mais, à la différence de leur premier établissement du Faubourg Montmartre (voir p. 152), ils veulent pour ceux-ci un cadre luxueux. Au bout de quelques années d'exploitation, Chartier est repris par son grand concurrent Rougeot puis cédé à la famille Vagenende en 1920.
Quand, en 1966, l'endroit est en passe de devenir un supermarché, la presse s'empare du scandale et André Malraux sauve le lieu.
En 1983, plafonds, murs et sols sont classés.
L'étonnant décor de miroirs biseautés, entourés de boiseries aux courbes élégantes et typiquement Art nouveau, se reflètent à l'infini et donnent l'illusion d'entrer dans un espace beaucoup plus vaste. Un ensemble de trente-six petits tableaux, en pâte de verre enchâssés dans les boiseries et signés Pivain, ponctuent le décor. Ils représentent des paysages d'une grande variété : bord de mer, vues de ports, rivière, cascade, torrent, sous-bois, forêt, paysages de montagnes, sous la neige, à l'automne etc. Seule note exotique, un paysage d'Italie avec une gondole qui glisse sur un cours d'eau.
Les soubassements en céramique vert céladon et tilleul sont surmontés d'une frise de fruits tressés avec prunes, raisins, poires, cerises et pommes. Les cloisons basses en bois, qui compartimentent le restaurant, sont rythmées par des colonnettes avec des porte-manteaux en bronze.
La petite salle du fond et sa jolie verrière ovale, refaite dans le même esprit il y a une trentaine d'années, se situe à l'emplacement d'une ancienne petite cour.
Mme Egurreguy, aujourd'hui propriétaire, et sa fille Marie, ont à cœur de préserver ce beau lieu qui est l'une des rares brasseries de Paris à être restée une maison familiale.

CAMOMILLE
LIQUEUR DE DESSERT
HYGIENIQUE ET DIGESTIVE
VICTOR
DISTILLATEURS
GRENOBLE

Vagenende

Très germanopratin

La Palette

43, rue de Seine et 18 rue Jean-Callot, 75006 Paris
M° Odéon
01 43 26 68 15

Ouvert tous les jours de 7 h à 2 h

La Palette, comme les Deux Magots ou le Flore, est une institution germanopratine. On s'y retrouve autour d'un verre avec un en-cas rustique pour le premier, avec un sandwich club pour les deux autres. La première salle, longue et étroite, avec son bar, ses palettes d'artistes suspendues de-ci de-là, ses nombreuses toiles anonymes ou signées Fouquereux, Petit, Durieux, Lagrue..., et ses piliers peints avec des vues de Paris, plantent le décor de ce lieu fréquenté depuis toujours par des artistes. Picasso et Braque s'y retrouvaient, Hemingway et Jim Morrison y firent halte.
Il aurait existé, dès 1902, un café La Palette à Montparnasse transféré à cette adresse dans les années 1930. La première salle était un débit de boisson et la seconde accueillait les joueurs de billard, comme l'indique l'inscription en lettres de céramique (une rareté aujourd'hui) sur la porte vitrée y donnant accès. Cette salle classée, avec son plafond aux moulures ouvragées, est décorée de cinq céramiques célèbres, de pur style Art déco, représentant des scènes de la vie d'un café. Elles auraient été réalisées pour une exposition à Paris dans les années 1930-1940, par une artiste d'Amérique latine dont on ignore le nom. On ne sait pas non plus à quel moment elles sont arrivées à La Palette. Le grand tableau, à gauche de la photo de Roland Topor, un artiste aux multiples facettes habitué de la maison, représente Charly et Jean-François. Célèbres patrons de La Palette, avec leurs épouses, pendant une trentaine d'années, ils figurent aux côtés de l'autoportrait de Margot qui a peint cette toile.
Les guéridons sont typiques des années 1930 et les chaises des années 1940. La devanture, où il est inscrit en lettres dorées « café, liquoriste, billard », est classée. La grande terrasse, qui s'étend sur la charmante petite place, est particulièrement animée à l'heure de l'apéritif où étudiants, galeristes, artistes et habitués aiment se retrouver.

Pas question de changer de crémerie

La Crémerie

9, rue des 4 vents, 75006 Paris
M° Odéon
01 43 54 99 30

Ouvert du mardi au samedi de 10 h à 22 h, le lundi de 15 h 30 à 20 h

Cette ancienne crémerie reconvertie en cave à vins dans les années 1950, et plus spécialement en vins naturels depuis 2001, a conservé son beau décor qui remonte à 1880. Les vitrines, où l'on présentait les produits, sont décorées sur la partie latérale de peintures aux motifs de chèvre, vache et coq. Les coqs sont souvent représentés dans les crémeries. Autrefois on appelait « coquetiers » les marchands forains qui venaient vendre leurs œufs sur les marchés parisiens. Le plafond est décoré au centre d'un cercle en filigrane d'or entouré de guirlandes de fleurs. Les quatre angles, généralement occupés par des animaux ou des gallinacés (coq, poule, canard...) dans les décors de crémeries, sont décorés par des masques de femmes portant sur leur tête des bouquets de fleurs.
Serge et Hélène Mathieu ont repris ce lieu plein de charme où ils proposent une bonne sélection de vins, de produits du terroir, de fromages, de jambons etc. Une bonne adresse pour grignoter chic entre copains.

« Au Flore, nous étions chez nous » (Sartre et Beauvoir)

Café de Flore

172, boulevard Saint-Germain-des-Prés, 75006 Paris
M° Saint-Germain-des-Prés
01 45 48 55 26

Ouvert tous les jours de 8 h à 1 h 30

Saint-Germain-des-Prés, faubourg prestigieux au XVIIIe siècle, carrefour des arts et des lettres aux XIXe et XXe siècles, continue au XXIe siècle à être un centre de la vie artistique et littéraire. Le Café de Flore, qui date vraisemblablement de 1887, tient son nom d'une petite sculpture de la déesse, autrefois sur le boulevard, et qui inspira à Charles Maurras, installé devant la fenêtre du premier étage, son livre *Sous le signe de Flore.* Vers 1913, Le Flore devient le bureau de Guillaume Apollinaire qui y reçoit à heures fixes. Dans les années 1930, intellectuels, artistes, éditeurs, cinéastes s'y croisent... Raymond Queneau y rencontre Michel Leiris. Picasso s'y rend avec ses amis Zervos, Marcel Carné et Yves Allégret y

côtoient des acteurs et Simone Signoret confiera plus tard dans ses *Mémoires* : « Je suis née un soir de mars 1941 sur une banquette du Café de Flore. » En 1939, Paul Boubal rachète Le Flore où, sous l'Occupation, Jean-Paul Sartre et Simone de Beauvoir se réchauffent. Sartre, qui y passe ses journées, dira plus tard : « Au Flore nous étions chez nous. » Après cette période sombre, Léo Mallet écrit *La Nuit de Saint-Germain-de-Prés,* Boris Vian *Le Manuel de Saint-Germain-de-Prés*, et la jeunesse ivre de liberté se déchaîne au son du jazz dans les caves. Hemingway, Arthur Koestler, Lawrence Durrel sont membres du Pouilly Club de France (PCF) crée par Boubal.
Encore aujourd'hui, le Flore attire le monde littéraire et artistique et, en 1994, le Prix de Flore, présidé par F. Beigbeder, voit le jour. Après plus d'un siècle d'existence le Café de Flore reste l'un des lieux mythiques de Paris. Son décor Art déco n'a pas pris une ride ; les vastes volumes, les boiseries d'acajou, les grands miroirs, les appliques et les plafonniers, les banquettes de moleskine rouge, les cuivres, la vieille horloge, le carrelage et le ballet des serveurs en livrée donnent à ce lieu une atmosphère unique.

Prisé et primé

Les Deux Magots
6, place Saint-Germain-des-Prés, 75006 Paris
M° Saint-Germain-des-Prés
01 45 48 55 25, www.lesdeuxmagots.fr

Ouvert tous les jours de 7 h 30 à 1 h

C'est une pièce à succès *Les Deux magots de Chine*, qui donne l'idée en 1813 à un certain Desabie d'appeler son magasin de nouveautés, soieries et objets de luxe Les Deux Magots. Situé rue de Buci, il déménage en 1873 à l'angle du boulevard Saint-Germain et de la rue de Rennes. En 1884, Les Deux Magots s'installe en face de l'église Saint-Germain-des-Prés, mais sous l'enseigne d'un marchand de vins liquoriste qui attire une nouvelle clientèle. La présence d'éditeurs et de gens de théâtre, avec le Vieux Colombier tout proche, donne peu à peu une vocation littéraire au quartier.
À l'issue de la Grande Guerre, Auguste Boulay, aïeul des propriétaires, fait des Deux Magots un lieu de rencontres pour jeunes artistes et intellectuels. Verlaine y rencontre Mallarmé, Foujita, Apollinaire, Moréas y tiennent des réunions mouvementées. Dans les années 1920, les surréalistes attirent dans leur sillage, Eluard, Max Ernst, Giraudoux, Michaux, Balthus, Picasso, Joyce, Saint-Exupéry...
La création du prix Goncourt incite une bande de copains, épris d'indépendance et rassemblés autour de Roger Vitrac, à créer leur propre prix littéraire ; ainsi naît, en 1933, le prix des Deux Magots attribué à Raymond Queneau pour *Le Chiendent*.
L'été 1944, Sartre vient tous les jours écrire en compagnie de Simone de Beauvoir, puis le jazz déferle sur Paris et fait de Saint-Germain-des-Prés l'un des carrefours de la nuit parisienne. Aujourd'hui, Les Deux Magots reste l'une des plaques tournantes de la vie germanopratine. Les habitués viennent le matin lire le journal avec un petit café-croissant, les étrangers affectionnent la terrasse. La grande salle a fière allure avec sa hauteur de plafond, son cadre Art déco sobre et élégant, ses grands miroirs encadrés de pilastres, ses bandeaux de stuc ciselés, ses lustres de cuivre et les célèbres statues orientales en bois polychrome, vestiges de la boutique d'origine, qui veillent depuis plus de 100 ans sur la destinée de ce café, devenu une véritable institution parisienne.

Les galants y content fleurette

Le Petit Lutetia
107, rue de Sèvres, 75006 Paris
M° Vaneau, Sèvres Babylone
01 45 48 33 53

Ouvert tous les jours de 11 h 30 à 15 h et de 16 h à 23 h

Ce café-brasserie ouvre ses portes aux environs de 1915. La présence, à quelques pas, du Bon Marché et de l'hôtel Lutétia lui assure ses premiers clients. Les Parisiens viennent faire leurs emplettes au Bon Marché, seul grand magasin de la rive gauche, les cochers et employés qui travaillent pour le Lutétia, seul palace de la rive gauche, s'y rendent pour boire un verre et casser la croûte.
A l'entrée, le bar est séparé de la première salle par des cloisons à mi-hauteur, en bois, décorées de verres gravés et colorés.
Les miroirs qui agrandissent l'espace, alternent avec un ensemble de toiles peintes par E. Mérou, artiste qui a réalisé de nombreux décors de cafés parisiens à la Belle Epoque.
Ces peintures naïves montrent, un peu à la manière de Boucher, des couples qui chuchotent, conversent dans un parc ou près d'une pièce d'eau, des hommes contant fleurette, d'autres s'exerçant à l'art de la séduction en jouant de la mandoline, des scènes pastorales, de travaux à la ferme, etc.
Ce bistrot centenaire accueille toujours dans son cadre convivial une clientèle de quartier qui apprécie la cuisine traditionnelle et l'accueil attentionné.

Pêche à l'Odéon

La Méditerranée

2, place de l'Odéon, 75006 Paris
M° Odéon
01 43 26 02 30

Ouvert tous les jours
de 12 h à 14 h 30 et de 19 h 30 à 23 h

En face du théâtre de l'Odéon (construit dans les années 1780 pour accueillir les comédiens français temporairement installés au palais des Tuileries et devenu depuis 1819 le deuxième Théâtre-Français de Paris), La Méditerranée, bénéficie d'un emplacement privilégié. Un certain Pêche, créateur de cette enseigne en 1930, a l'heureuse idée, en bon Méridional qu'il est, de faire découvrir aux Parisiens moules farcies et bouillabaisse, produits phares de son terroir. Cette cuisine ensoleillée ne tarde pas à ravir les palais des amateurs et Pêche connaît un vif succès. Il accueille des célébrités comme Picasso et Cocteau, qui contribuent à asseoir la notoriété de l'établissement. Marcel Vertés (peintre et aquarelliste d'origine hongroise qui a illustré entre

autres *L'Europe galante* de Paul Morand) et Christian Bérard (créateur de costumes et décorateur de théâtre à qui Cocteau confia le décor de *La Voix humaine,* et Giraudoux celui de *La folle de Chaillot)* décorent le restaurant de fresques lumineuses et oniriques. Ils peignent sur ces murs des jeunes filles évanescentes qui semblent flotter dans les airs et passer devant un voile de brume traversé de lueurs pastels, rehaussées par endroit d'un rouge flamboyant. Des enfants jouent sur le sable, des coquillages animent le décor. Les artistes aiment ce lieu où ils laissent parfois un dessin, une esquisse en guise de règlement comme l'a fait un jour Balthus en dessinant un chat. En 1960, c'est au tour de Cocteau qui dessine la carte de La Méditerranée, où d'un trait vif il griffonne une tête dont l'œil est celui d'un poisson et où il écrit :
« Grâce à la Méditerranée la mer arrive place de l'Odéon
Elle y dépose des fruits de mer et des fleurs... »
La Méditerranée a été un haut lieu du parisianisme dans les années 1950. Comme on le voit à travers des photos, Charlie Chaplin et Orson Welles ont fait les beaux jours de cette maison. Tout le décor est en place et, dans cette atmosphère unique et raffinée, on savoure une cuisine haut de gamme.

MESSIEURS

« Maintenant que la glace est rompue, causons » (Alfred Jarry)

La Closerie des Lilas
171, boulevard du Montparnasse, 75006 Paris
M° Vavin
01 40 51 34 50, www.closeriedeslilas.fr

Ouvert tous les jours de 11 h 30 à 1 h 30

A la fin du XIXe siècle, nous sommes ici à la campagne. On danse le quadrille et on s'encanaille chez Bullier, qui a repris l'ancien bal de la Chartreuse avec bosquets et jets d'eau. Pour rendre le cadre plus enchanteur, Bullier fait planter mille pieds de lilas et le bal s'appelle tour à tour La Closerie des Lilas, Lilas-Bullier, Bal Bullier. En face, se trouve une simple guinguette, qui sert de relais de poste sur la route de Fontainebleau. Elle est tenue par un bougnat, qui se laisse peu à peu convaincre de ressusciter le nom de La Closerie des Lilas et d'aménager la charmante tonnelle de son petit jardin. Rapidement les clients de chez Bullier préfèrent s'y retrouver. Paul Fort, le prince des poètes, écrit en 1903 : « J'entrais pour la première fois à La Closerie des Lilas. Je n'ai pas cessé d'y aller depuis. Je m'y suis marié en 1910 ». Un soir Alfred Jarry est témoin d'une scène étrange. Il est assis près d'une jeune femme qui, ayant sans doute ses nerfs parce qu'on l'ignore, dégaine et tire sur la glace en face d'elle. Jarry qui ne manque pas d'à-propos lui dit : « Mademoiselle, maintenant que la glace est rompue, causons. » En 1922, Tzara et Breton se disputent à La Closerie, c'est la fin du mouvement dada. Cette même année, Hemingway, correspondant de *The Toronto star weekly,* commence sa carrière d'écrivain à Montparnasse et La Closerie des Lilas devient l'un de ses lieux favoris. Une plaque au bar le rappelle. Son ouvrage posthume *Paris est une fête* relate les souvenirs mélancoliques de son premier séjour à Paris. En 1925, La Closerie se modernise et les Solvet, père et fils, chargés du décor, aménagent deux longues terrasses couvertes dans l'esprit Art déco : mobilier, coffrage de bois, bar en acajou, verres gravés rehaussés d'émaux colorés qui forment une cloison à mi-hauteur, appliques et carrelage. Aujourd'hui, artistes, politiques, créateurs continuent de refaire le monde dans ce lieu phare de la vie artistique parisienne.

Un grand Chartier

Le Montparnasse 1900
59, boulevard du Montparnasse, 75006 Paris
M° Montparnasse-Bienvenüe
01 45 49 1900

Ouvert tous les jours de 12 h à 15 h et de 19 h à minuit

Le bouillon, inauguré en 1903 par Camille Chartier, se trouve dans l'ancienne boutique d'un marchand d'huile. La façade ouvrant sur le boulevard du Montparnasse étant assez étroite, on est surpris, en entrant, par les dimensions de l'établissement. Comme au Bouillon Racine (voir p. 78) et chez Vagenende (voir p. 86) créés également par la famille Chartier, le Montparnasse 1900 déploie sur ses murs toute l'exubérance du répertoire Art nouveau. L'avant-salle, à droite de l'entrée, avec ses murs entièrement revêtus de céramiques aux tons pastels vert d'eau, rose, turquoise et jaune, offre un cadre plus intime.
Après le magnifique bar en bois, où trône encore la vieille caisse enregistreuse, une belle arcade en anse de panier marque l'entrée de la grande salle. Ses murs sont entièrement revêtus de céramiques et de grands miroirs biseautés cerclés de volutes de boiseries.
Autour de chaque miroir, court une guirlande de liserons et de mûres qui s'enroule autour d'arceaux reposant dans des vases de céramique bleu turquoise qui scandent le décor.
Dans les encoignures et autour du bar, de petits tableaux en pâte de verre enchâssés dans les boiseries sont signés du maître verrier Louis Trézel.
Par leur variété, ces paysages maritimes, champêtres, lacustres et montagneux représentent un tour de France et une invitation à l'évasion. Les banquettes en moleskine conservent leur barre de cuivre et les tables au centre de la salle sont séparées par une balustrade basse en bois ouvragée et éclairées par des sculptures féminines en bronze ; gracieuses et vêtues de robes moulantes qui accentuent leur sensualité, elles soutiennent des globes lumineux et des lampes tulipes.
La grande verrière a été rénovée par le décorateur Slavik en 1977.
L'établissement, repris en 1923 par Rougeot un ancien directeur de Vagenende, a pris le nom de Montparnasse 1900, qui évoque le début de la grande époque du quartier.

Fastueuse salle à manger

Restaurant du musée d'Orsay

1, rue de la Légion d'honneur, 75007 Paris
M° Solférino, Concorde
01 40 49 48 14

Ouvert du mardi au dimanche de 9 h 30 à 17 h 45 (21 h 30 le jeudi)

Le musée d'Orsay présente un décor architectural original puisque celui-ci a été aménagé dans les anciens bâtiments de la gare et de l'hôtel d'Orsay, inaugurés pour l'Exposition universelle de 1900. L'hôtel enveloppait la gare sur trois de ses côtés. Ses 370 chambres et ses salons, dessinés par Victor Laloux, affichaient une opulence et un mélange de style de Louis XIV à Louis XVI. Le restaurant du musée est installé dans l'ancienne salle à manger de l'hôtel au décor fastueux imaginé par Gabriel Ferrier (1847-1914) sur le thème des Jours et des Saisons. Cette immense salle s'étire sur 30 m de long. Elle s'ouvre à l'ouest par 9 portes-fenêtres, qui donnent sur la rue de Bellechasse, auxquelles font face de grands miroirs dans lesquels les lustres se reflètent à l'infini.
Le restaurant se prolonge par le grand salon carré, ancienne salle de lecture de l'hôtel, décoré d'une belle cheminée en marbre. Au plafond, une grande toile *Les Routes de l'air,* a été peinte par Benjamin-Constant (1845-1902). Thomas Mann, qui séjourne à l'hôtel d'Orsay en 1926, loue son confort mais regrette que l'hôtel soit plutôt conçu pour une clientèle de passage que pour un séjour prolongé. Le restaurant offre une pause raffinée à l'occasion de la visite du musée. L'ancienne salle de bal (voir pages suivantes), à quelques pas du restaurant, mérite le détour.

Un cabinet de curiosités unique en Europe

Deyrolle
46, rue du Bac, 75007 Paris
M° Rue du Bac
01 42 22 30 07, www.deyrolle.com

Ouvert du mardi au samedi de 10 h à 19 h, le lundi de 10 h à 13 h et de 14 h à 19 h

Le 1er février 2008, des fauves d'Afrique, des ours polaires, des oiseaux et des insectes, tous venus des quatre coins de la planète, sont réveillés en sursaut par les sirènes des pompiers qui arrivent pour tenter de les secourir. Mais le brasier se déchaîne. Une fois le feu maîtrisé, gisent au sol des plumes calcinées, des poussières de squelettes d'animaux, des cendres de félins, de volatiles exotiques, d'élytres d'insectes. Au petit matin, à la fenêtre du premier étage, on aperçoit un lama et un élan qui ont passé leur tête par la fenêtre dans l'espoir d'échapper aux flammes. Un grand nombre d'objets sont endommagés par la fumée et l'eau, 80 % des collections sont détruites. Louis de Broglie, qui a repris les rênes de la Maison Deyrolle en 2001, se souvient avec émotion que Louise de Vilmorin et André Breton aimaient déambuler en ces lieux et que René Magritte, Bernard Buffet ou Salvador Dali aimaient s'évader au milieu de cette ménagerie étrange. Il ne peut se résoudre à accepter ce désastre et annonce que la maison rouvrira ses portes. La renommée de Deyrolle permet à cette institution de renaître de ses cendres. Des personnalités se mobilisent pour aider à financer la reconstruction du mobilier historique et la reconstitution des collections. Des plasticiens contemporains créent des œuvres à partir d'objets calcinés et une vente est organisée chez Christie's pour reconstituer la collection d'entomologie. Aujourd'hui la magie du lieu est ressuscitée. Les parquets qui craquent portent encore des stigmates du sinistre, mais les magnifiques salles de l'ancien hôtel particulier de Samuel Bernard, fils du banquier de Louis XIV, ont été restaurées et chacune d'elle a retrouvé sa spécificité. Une parade de félins, d'élégantes antilopes, de robustes élans, de majestueux ours polaires défilent sous vos yeux émerveillés. Après les grandes pièces de taxidermie, la déambulation se poursuit au milieu d'oiseaux naturalisés aux plumages magnifiques, de coquillages, d'« éclatés de mer » et autres curiosités. Les collections entomologiques exceptionnelles sont parmi les plus belles du monde. Ne manquez pas d'admirer les phasmes qui, avec leur robe verte, ont des allures de danseuses étoiles, et les cypris de Colombie aux chatoiements irisés de toute beauté. Les descendants de Jean-Baptiste Deyrolle, passionné d'histoire naturelle et fondateur en 1831 de cette maison, se sont succédé jusqu'en 1970. Cette illustre famille s'est fait connaître dans le monde entier par sa vocation pédagogique, la vente d'un matériel spécialisé pour l'enseignement des sciences naturelles et la taxidermie. Puis Deyrolle s'est lancé dans le matériel scientifique et l'édition de centaines de planches pédagogiques ont stimulé l'imaginaire de générations d'écoliers. On y trouvait des catalogues pour chercheurs d'or et le 7e art, comme les décorateurs, louent des spécimens de cette faune, aussi variée que surprenante, toujours sélectionnée dans le respect de la convention de Washington.

Chez l'apothicaire-chocolatier

Debauve et Gallais
30, rue des Saints-Pères, 75007 Paris
M° Saint-Germain-des-Prés
01 45 48 54 67, www.debauve-et-gallais.com

Ouvert du lundi au samedi de 9 h à 19 h

En 1800, Sulpice Debauve ferme sa pharmacie de Saint-Germain-en-Laye et ouvre son premier magasin de chocolat faubourg Saint-Germain. Sans doute avait-il eu connaissance des affirmations d'un médecin hollandais qui, en 1705, disait : « le chocolat est non seulement agréable au palais, mais c'est encore un véritable baume pour la bouche, qui garde en bonne santé glandes et muqueuses. »
Un siècle plus tard, Sulpice Debauve s'enthousiasme à son tour pour cette denrée : « usez, usez du chocolat, il rompt la toux [...], il adoucit le mal bien mieux que les sirops. » Il devient le fournisseur des rois de France et de toutes les cours d'Europe. En 1818, il s'installe rue des Saints-Pères.
La boutique classée Monument historique et signée Percier et Fontaine, conserve sa belle façade ornée de couronnes de laurier dorées, de fins piliers cannelés, de fenêtres cintrées et d'impostes en forme d'éventail. L'intérieur surprend par sa hauteur de plafond, sa forme en hémicycle, son comptoir en demi-lune, petit clin d'œil à l'ancien métier de Debauve, car ce type de comptoir était courant dans les belles pharmacies de l'époque, et ses colonnes antiques qui confèrent une grande élégance à ce lieu.
En 1823, Debauve s'associe avec son neveu, le pharmacien Antoine Gallais, qui commercialise les chocolats de régime de son oncle, plus connus sous le nom de « chocolats hygiéniques. » Pharmacien de Louis XVI, Debauve (qui régalait la reine Marie-Antoinette de pistoles, des piécettes avec 99 % de chocolat noir) crée en son souvenir toute une gamme de pistoles aromatisées au lait d'amande (pastilles de la Reine), au cacao amer (chocolats des affligés), à la vanille de l'île Bourbon (les croquignoles du roi). Balzac et Proust en raffolaient. En 1878, il crée le chocolat éclair, le premier chocolat en poudre instantané, et parmi les dernières créations citons les Incroyables, des coques de nougatines fourrées au chocolat amer présentées dans de ravissantes boîtes numérotées.
Alors vous aussi, « usez, usez du chocolat ! »

L'ancien foyer des Dames des Postes

Le Télégraphe
41, rue de Lille, 75007 Paris
M° Solférino, Rue du Bac
01 58 62 10 08, www.restaurantletelegraphe.com

Ouvert de 12 h à 14 h 30
et de 19 h 30 à 22 h,
sauf le dimanche et le lundi soir

Cette surprenante Maison des Dames des Postes, Télégraphes et Téléphones témoigne du souci pour l'administration du début du XXe siècle d'accueillir ses employés, pour la plupart des femmes de conditions modestes, venues de provinces éloignées.
Ce bâtiment, qui se démarque par un style d'avant-garde peu courant dans ce quartier, est construit en 1905 par l'architecte Eugène Bliault sur une ossature en béton armé. La façade est richement ornée de ferronneries.
La Maison des Postes met à la disposition de son personnel 111 chambres chauffées et 3 bains-douches à chaque étage. Les repas sont servis dans la salle à manger, ouvrant sur une cour jardin arborée, où se trouve aujourd'hui le restaurant.
La hauteur de plafond, la grande salle avec une partie aménagée en jardin d'hiver, les grandes baies vitrées décorées de belles verrières Art nouveau, le mobilier en bois encore en grande partie en place donnent fière allure à ce restaurant.
Lieu branché à son ouverture en 1987, il a changé à plusieurs reprises de propriétaires.

De l'âme et de la bouteille

Le Bistrot de Paris

33, rue de Lille, 75007 Paris
M° Solférino
01 42 61 16 83

Ouvert du mardi au samedi de 12 h à 14 h 30 et de 19 h à 23 h

Cet ancien bouillon connu sous le nom de « Georget » à la fin du XIXe siècle, puis de « Poënsin » de 1903 à 1965, occupait à cette époque la salle du rez-de-chaussée qui s'arrêtait avant le carrelage bleu et la verrière située au fond.
En 1965, Michel Oliver, fils du chef qui règne sur les fourneaux du Grand Véfour, cherche un authentique bistrot. Celui-ci, fermé depuis plusieurs années, le séduit et il décide de le rénover et de l'agrandir.
Dans la cour du fond qu'il ferme par une verrière toute simple, il aménage un bar, fait poser un carrelage, aujourd'hui usé par le temps, et clôt la partie gauche par une verrière à petits carreaux aux fleurs stylisées.
La salle du rez-de-chaussée est rafraîchie, certains miroirs sont ajoutés, les barres de cuivre des portes-manteaux, les appliques en fer forgé, les moulures ainsi que les clefs qui servaient autrefois à l'alimentation au gaz sont conservées.
Au premier étage, où se trouvaient deux salons, Michel Oliver fait aménager un billard, toujours en place. Il baptise son restaurant Le Bistrot de Paris et, dans les années 1970, sa cuisine de bistrot attire une clientèle branchée qui médiatise le lieu. Chaque époque a eu ses habitués comme Paul Valéry, André Gide ou Gainsbourg qui habitait à proximité.
Aujourd'hui, deux jeunes associés, séduits à leur tour par l'âme du lieu, perpétuent la tradition du bon vieux bistrot parisien.

De Lucas à Carton

Senderens
9, place de la Madeleine, 75008 Paris
M° Madeleine
01 42 65 22 90, www.senderens.fr

Ouvert tous les jours de 12 h à 14 h 30 et de 19 h 30 à 23 h 15, sauf en août

La « taverne anglaise », fondée en 1732 par l'Anglais Robert Lucas, rue de la Bonne Morue (actuelle rue Boissy d'Anglas), est un établissement de renom. En 1845, une annexe est ouverte à cet emplacement et quand le propriétaire du restaurant de la Madeleine la rachète, il lui donne le nom de Taverne Lucas espérant conserver la clientèle anglaise. En 1890, un dénommé Scaliet rachète le lieu et entreprend d'importants travaux à partir de 1902. Majorelle y conçoit un décor épuré, loin du style flamboyant de chez Maxim's. Les boiseries blondes en citronnier de Ceylan et en sycomore aux motifs sculptés encadrent des panneaux décoratifs. Les deux salles sont séparées par des piliers formant des arcades en anse de panier. Au-dessus des banquettes, des entrelacs de bois encadrent de petites parois de verre. De superbes appliques de bronze réalisées par Planel forment une tige fleur se terminant par trois tulipes. Elles éclairent le visage d'une femme au sourire gracieux et aux longs cheveux qui retombent en volutes dans le cou. On ne connaît aucune autre œuvre de Planel, interprète talentueux du *Jugendstil,* art végétal ornemental allemand.
En 1925, Francis Carton rachète l'établissement qu'il nomme Lucas Carton. Il réaménage l'entrée et installe une porte à tambour et une marquise ; à l'intérieur, il remplace les panneaux décoratifs par des miroirs et aménage des salons au premier étage. En 1987, le restaurant est inscrit à l'inventaire des Monuments historiques et Alain Senderens, venu de l'Archestrate, règne sur la cuisine. En 2005, Lucas Carton se nomme Senderens et l'atmosphère change. Le cadre 1900 est bien sûr préservé (l'ancienne caisse est retirée et conservée) mais les boiseries blondes contrastent avec les toiles tendues du plafond, de couleur écume, créant une ambiance spatiale surprenante. Cette touche contemporaine se retrouve dans les tables lumineuses et les parois de verre aux arabesques qui alternent avec les boiseries. Alain Senderens, célèbre pour ses dialogues vins et saveurs, a su créer un décor où le passé dialogue avec le présent.

Dans le théâtre du comte de Castellane

Salon d'hiver du Bristol
Hôtel Le Bristol
112, rue du Faubourg Saint-Honoré, 75008 PAris
M° Miromesnil
www.lebristolparis.com

Ouvert tous les jours de 12 h à 14 h et de 19 h à 22 h

L'ancienne demeure (milieu du XVIIIe siècle), où résida pendant quelque temps la marquise de Pompadour, fut rachetée en 1829 par le comte Jules de Castellane. Il la fit agrandir et y installa une salle de théâtre de 400 places où se déroulèrent de joyeuses soirées avec le Tout Paris de l'époque.
Près d'un siècle plus tard, Frederick Jammet rachète cet hôtel particulier pour y créer l'hôtel Bristol qui ouvre ses portes en 1924.
Son nom rend hommage au grand voyageur Frederick Hervey, comte de Bristol, ami de Goethe et de Voltaire, qui sillonna l'Europe à cheval, précédé de son cuisinier et suivi de ses malles qui voyageaient en voiture attelée.
Plusieurs hôtels portent son nom. L'hôtel Bristol devient vite l'un des palaces de Paris où descendent les grands de ce monde, ce qu'il continue d'être aujourd'hui.
La ravissante salle à manger d'hiver est installée dans l'ancien théâtre. De forme ovale et de pur style Régence, ses murs sont habillés de boiseries de chêne de Hongrie dont la couleur miel est du plus bel effet. Le plafond, coiffé autrefois d'une verrière, est depuis les années 1960-1970 décoré d'une sorte de résille finement ouvragée et dorée. Tout autour, le peintre Gustave Louis Jaulmes, décorateur de la salle Pleyel et de la villa Kerylos, a peint les quatre saisons qui se rattachent au style Art déco, seule référence à cette époque dont date pourtant l'hôtel, mais qui, comme tous les palaces, a préféré adopter un style classique et grand siècle plutôt qu'un style d'avant-garde.

MAXIM'S
MAXIM'S

Haute-couture

Maxim's
3, rue Royale, 75008 Paris
M° Concorde
01 42 65 27 94, www.maxims-de-paris.com

Ouvert du mardi au samedi de 19 h 30 à 23 h

En 1893, à la suite de plusieurs limonadiers et glaciers dont le célèbre Imoda, Maxime Gaillard ouvre un modeste café de cochers. Son emplacement très privilégié, entre la place de la Concorde et la place de la Madeleine, séduit Irma de Montigny qui y amène ses amis : Maxime est lancé ! Maxime Gaillard meurt en 1895 et lègue son fonds à ses deux chefs Chauveau et Cornuché qui chargent Louis Marnez, en 1899, d'une nouvelle décoration. L'Exposition universelle de 1900 approche et, adepte de l'Art nouveau, Marnez conçoit un décor se rattachant à l'Ecole de Nancy. Il installe une grande salle dans la cour de l'immeuble coiffée d'une verrière aux motifs végétaux. Les murs sont recouverts de boiseries en acajou où s'insèrent des éléments décoratifs en cuivre, des miroirs aux formes galbées et des peintures où se profilent des nymphes dénudées dont la volupté fait rêver plus d'un client. Cornuché a l'idée géniale d'angliciser son nom en mettant un 's, ce qui fait dire à Léon Daudet : « Il eût appelé sa boîte *Maxime* que le succès eut été diminué de moitié. » Cornuché déteste les salles vides, aussi fait-il asseoir de jolies femmes en vitrine pour attirer les hommes. Les courtisanes font partie du mythe de chez Maxim's et le beau monde y côtoie les cocottes. La Belle Otéro, en habituée, avait ce mot : « la fortune vient en dormant, mais surtout pas seule... » Le succès dû à l'ambiance très parisienne inspire à Georges Feydeau *La Dame de chez Maxim's* et à Yves Mirande *Le chasseur de chez Maxim's*. Albert, premier maître d'hôtel, connaît tous les caprices de la clientèle et c'est lui qui accueille Sacha Guitry, Rita Hayworth, les Windsor, la Callas... En 1934, Maxim's est vendu à Louis Vaudable qui entreprend des travaux dans les années 1950 et supprime le célèbre bar du rez-de-chaussée. En 1981, son fils vend le lieu à Pierre Cardin qui fait reconstruire le bar à l'identique au premier étage. Le couturier y draine toute la jet set internationale et poursuit la destinée exceptionnelle de ce monument de la vie parisienne. Pierre Cardin, passionné d'Art nouveau, possède l'une des plus belles collections au monde ; rassemblée au dernier étage, elle se visite sur rendez-vous.

Jacques Ange Gabriel et ses angelots joufflus

Les Ambassadeurs
Hôtel Crillon
10, place de la Concorde, 75008 Paris
M° Concorde
01 44 71 16 16, www.crillon.com

Ouvert tous les jours de 12 h 30 à 14 h et de 19 h 30 à 22 h

La création de la place Louis XV (aujourd'hui place de la Concorde) est l'œuvre de l'architecte Jacques Ange Gabriel qui en complète l'aménagement en élevant côté nord, de 1760 à 1775, deux palais identiques situés de part et d'autre de la rue Royale. Destinés à l'origine à loger les ambassadeurs extraordinaires, ces palais ont finalement reçu une autre affectation. L'un, accueille le garde-meuble de la Couronne, l'autre, est vendu par lots. L'architecte Louis-François Thouard décide de parfaire la construction et le décor du lot n°10, acheté par le duc de Crillon en 1788. Saisi à la Révolution, il est plus tard restitué à la famille Crillon qui le conserve jusqu'en 1907. A cette époque, il est acheté par la Société des Magasins et Hôtel du Louvre qui souhaite en faire le plus beau palace de Paris. Les travaux, placés sous la houlette de l'architecte Destailleurs, sont achevés au début de l'année 1909 et dès le 11 mars s'y déroule le premier dîner de gala.
Pendant la Première Guerre mondiale, les états-majors anglais et américains s'y installent et, de 1939 à 1945, l'hôtel est réquisitionné par les Allemands et endommagé par un incendie en 1944. Comme le Meurice, le restaurant Les Ambassadeurs ne possède aucune référence à l'Art nouveau en vogue à l'époque de sa création. Son cadre possède le faste de celui d'un château. Les murs sont tapissés d'une marqueterie de sept marbres différents dont les nuances et les couleurs varient selon la lumière du jour ou l'éclairage des lustres de cristal de Baccarat. Un décor original de fresques peintes sous la corniche représente des angelots nus et joufflus. Acteurs du vaste chantier mené par les architectes Gabriel et Thouard pour la construction de l'hôtel, ils débordent d'activité, scient du bois, transportent des pierres etc. Le restaurant bénéficie d'un vue exceptionnelle sur la place de la Concorde et l'hôtel, de renom mondial, reflète l'art de vivre à la française d'hier et d'aujourd'hui.

Printemps au jardin d'hiver

La Fermette Marbeuf
5, rue Marbeuf, 75008 Paris
M° Alma-Marceau ou Franklin Roosevelt
01 53 23 08 00, www.fermettemarbeuf.com

Ouvert du mardi au samedi de 12 h à 15 h et de 19 h à 23 h 30

En 1975, Jean Laurent achète un modeste restaurant qu'il décore en fermette rustique avec poutres apparentes, bottes de paille, mangeoires et nappes à carreaux. Constatant que l'aération est déficiente, il engage des travaux et, pour passer des gaines, les ouvriers abattent un mur. Au premier coup de pioche, c'est la stupéfaction : apparaissent un décor de colonnes de fonte, puis de panneaux de céramiques et enfin une verrière. Il s'agit de l'ancienne salle à manger de l'hôtel Langham, dont il ne reste aujourd'hui que la marquise de l'entrée visible au 24 de la rue Boccador. Un miracle n'arrivant jamais seul, Jean Laurent apprend qu'une verrière, sa sœur jumelle provenant du jardin d'hiver de la propriété des Clermont-Tonnerre à Maisons-Laffitte, est mise aux enchères. L'occasion est trop belle et il décide de l'acquérir. Adieu à l'ambiance fermette de la première salle, dont seule l'enseigne conserve le nom : il fait remonter ici cette seconde verrière.

Ces ravissantes salles à manger-jardins d'hiver étaient très à la mode au XIXe siècle chez les particuliers, dans les hôtels et les restaurants comme le Champeaux qu'évoque Emile Zola dans *L'Argent*.

L'ancienne salle à manger du Langham, classée en 1983, a été réalisée par Emile Hurtré en 1898. L'armature de fonte, coiffée d'une verrière aux vitraux évoquant un jardin d'hiver avec des branchages sur toute la surface, repose sur des colonnettes ouvragées. Tout autour, des panneaux de verre émaillé, aux beaux effets de transparence, sont ornés de tournesols et d'abeilles, signés Hubert et Martineau. Les tympans sont décorés de paons qui font la roue sur fond de mosaïques d'or. Des panneaux de céramique rectangulaires avec des hérons parmi des glaïeuls blancs s'intercalent. Au centre du mur du fond, l'artiste tchèque Wielharski a symbolisé le Printemps d'après Botticelli par une femme sous une pluie de fleurs. Cet ensemble marque le triomphe de l'Art nouveau prônant la stylisation végétale, l'emploi de matériaux variés et célébrant la femme, symbole de grâce et de volupté.

CACODYLATE
DEVIL
TRISTAN
TZARA

Avec Cocteau, une fête perpétuelle

Le Bœuf sur le Toit
34, rue du Colisée, 75008 Paris
M° Franklin Roosevelt ou Saint-Philippe du Roule
01 53 93 65 55, www.boeufsurletoit.com ou www.groupeflo.com

Ouvert tous les jours de 12 h à 14 h 30 et de 19 h à 23 h 30

Les portraits de Jean Cocteau et du groupe des Six vous accueillent évoquant une belle histoire de copains épris de musique et de littérature. En février 1920, après la première représentation du ballet-pantomime *Le Bœuf sur le Toit*, Cocteau cherche un bar pour prendre un verre avec Milhaud et Dufy. On lui parle du Gaya, rue Duphot, où Louis Moysès, le patron, les accueille chaleureusement. Très vite, le poète et ses amis s'essayent au jazz avec les pianistes : Cocteau se met à la batterie, Stravinsky s'initie aux rythmes... Le Gaya est lancé et toute l'avant-garde des arts et des lettres s'y presse. Le jazz y règne en maître et l'ambiance est à la fête. Quand, en 1922, Louis Moysès s'installe rue Boissy d'Anglas, il demande à Cocteau et à Milhaud s'il peut baptiser son bar « Le Bœuf sur le Toit » et les musiciens ne tardent pas à lancer l'expression : on va « faire du jazz au Bœuf » puis « ils font un bœuf », c'est-à-dire qu'ils « participent à une *jam* session ». Le Tout Paris chante et danse chez Louis Moysès. Dadaïstes et cubistes y sont pour le moins déraisonnables. On y croise Picasso, Radiguet, Kessel, Cendrars, Picabia, Mistinguett, Coco Chanel... Après deux autres escales dans Paris, le Bœuf sur le Toit s'ancre définitivement au 34, rue du Colisée en 1941. Dans la première salle, le regard amusé croise *L'œil Cacodylate* de Picabia et la sculpture de Jean Marais représentant le buste de Cocteau encadré par les cornes d'un bœuf formant une lyre.

La grande salle évoque l'atmosphère des salles à manger des paquebots qui ont fait la gloire de la *French Line*. L'esthétique et le répertoire Art déco sont ici concentrés : décors géométriques à chevrons, verres gravés, frises d'oiseaux stylisés, miroirs gravés en éventails, appliques chromées, bois précieux, panneaux de Coromandel, métal brossé, verres en opaline etc. Sur les murs, des photos de tous ceux qui ont fait la légende du lieu. La musique y est toujours vivante avec des soirées jazz le 1er lundi de chaque mois. Au fait, savez-vous d'où vient ce nom farfelu de Bœuf sur le Toit ? D'une rengaine brésilienne.

Toujours à la pointe… même sans épée

Ledoyen
Carré des Champs-Elysées, 8, avenue Dutuit, 75008 Paris
M° Champs-Elysées Clemenceau
01 53 05 10 01, www.ledoyen.com

Ouvert tous les jours de 12 h à 16 h et de 19 h 30 à 22 h 30

Pierre Michel Doyen, cadet d'une famille de traiteurs réputés, loue pendant 9 ans une guinguette à l'emplacement du restaurant-cabaret Le Dauphin installé dans les quinconces des Champs-Élysées. Pendant que la guillotine fonctionne à plein temps, les tribuns Marat, Robespierre, Danton se restaurent chez Doyen d'une matelote d'anguilles. Puis les temps changent comme les ambitions et les intérêts. Bonaparte y rencontre Joséphine de Beauharnais. En 1841, alors que Doyen a quitté les lieux depuis 1830, l'architecte Hittorff reconstruit le restaurant, dans le cadre du réaménagement des Champs-Élysées, avec une façade néo-classique flanquée d'une grande terrasse. Pendant le Second Empire, c'est un des lieux privilégiés pour des dîners galants et c'est aussi le restaurant favori des duellistes. Curnonsky s'en étonne dans son ouvrage *La France gastronomique* : « Le Doyen avait une spécialité curieuse : c'était dans cette maison que les duellistes venaient se restaurer avec leurs témoins après avoir satisfait " le point d'honneur " au bois de Boulogne où à Neuilly. »
Au tournant de 1900, sa réputation décline, ce qui n'empêche pas Gide et Copeau d'y dîner le 13 août 1906 pour fonder la *Nouvelle Revue française*. Dans les années 1920, Paul Morand s'y rend en compagnie de Giraudoux, Claudel et Saint-John Perse. En 1962, des travaux sont entrepris par un nouveau gérant et la vieille maison plus que bicentenaire subit des hauts et des bas.
Aujourd'hui sous la houlette du chef Christian Le Squer, Ledoyen est redevenu l'une des grandes tables de la capitale : cadre raffiné avec la terrasse fermée et son portique aux ravissantes cariatides, les salons qui offrent des écrins particuliers ouvrant sur les jardins et au premier étage la très jolie salle du restaurant, la seule à avoir conservé son magnifique décor. Les murs sont ornés de motifs pompéiens en vogue à cette époque, mais hélas aux couleurs un peu ternies.

Le trésor n'est plus caché

Mollard
115, rue Saint-Lazare, 75008 Paris
M° Saint-Lazare
01 43 87 55 62, www.mollard.fr

Ouvert tous les jours de 12 h à 00 h 30

En 1865, le couple savoyard Mollard arrive à Paris en charrette attelée. Il ouvre un estaminet, avec vente de bois et charbon, en face de la gare de l'Ouest. Le Printemps vient d'être inauguré et les travaux de la gare s'achèvent. Mollard a vu juste en s'installant dans ce quartier.
Souhaitant créer une brasserie chic au décor féerique et nouveau, il fait appel à Edouard Niermans, architecte du Negresco à Nice.
A l'inauguration, en 1895, un chroniqueur s'exclame « Que c'est frais ! Que c'est gai ! ».
En 1900, le quartier s'est métamorphosé. La bourgeoisie y fait des affaires et la proximité des théâtres, de l'Opéra et des grands magasins, en fait un lieu à la mode.
Si le décor de façade a disparu, celui de l'intérieur reste époustouflant. Les céramiques sont signées Simas et les mosaïques H. Bichi, un artiste italien. À l'entrée, deux panneaux en céramique montrent la même femme élégante, tenant un parapluie, à son arrivée à la gare puis à son départ avec ses achats, comme l'indique le carton qu'elle tient à la main.
Trois tableaux de céramique évoquent des sites desservis par la gare : Saint-Germain-en-Laye, Ville d'Avray et Trouville avec ses cabines roulantes sur la plage et ses baigneuses tout habillées.
Les murs et les plafonds sont entièrement recouverts de mosaïques aux couleurs chatoyantes et les colonnettes en marbre possèdent des chapiteaux ouvragés.
A la mort de Louis Mollard, à la veille de la Première Guerre mondiale, ses fils, trouvant le décor démodé, le dissimulent derrière des miroirs fixés à des rivets encore visibles aujourd'hui.
En 1930, l'établissement est vendu à Georges Gauthier, auquel succèdent ses deux fils.

Quand Emile Céron, après 30 ans de maison, part à la retraite en 1940, il confie à ses patrons : « si vous cherchez il y a un trésor ici ».
En 1960, un miroir se brise et, à la stupéfaction de tous, apparaît un décor de mosaïques, le « trésor » dont parlait Céron !
Tout le passé flamboyant de Mollard ressurgit et, après des années de travaux et de restauration, la brasserie est classée en 1989.
La salle avec la verrière se situe à l'emplacement d'une ancienne cour à chevaux.
Un tableau en céramique représentant « une partie fine », avec champagne, jupons, jarretelles jetées sur un sofa et grisettes en goguette, décore un petit salon discret et cosy.
Décidément, Mollard est plein de surprises et Stéphane Malchow, petit-fils des Gauthier, gère la maison de main de maître.

Sous le regard de Tiepolo

Le Café Jacquemart André

158, boulevard Haussmann, 75008 Paris
M° Miromesnil, Saint-Philippe du Roule
01 45 62 11 59, www.musee-jacquemart-andre.com

Ouvert tous les jours de 11 h 45 à 17 h 30 (jusqu'à 21 h en période d'exposition)

Autrefois, lors de réceptions somptueuses, les invités gravissaient la rampe en calèches, Tilbury… et on les déposait dans la cour en hémicycle, sous la marquise de l'entrée, aujourd'hui disparue.
Cette vaste et élégante demeure se situe dans le quartier de la plaine Monceau, très en vogue sous le Second Empire. Edouard André, banquier protestant, esthète et collectionneur, confie à l'architecte Henri Parent la réalisation de sa demeure achevée en 1875. Il partage avec sa jeune épouse Nélie Jacquemart, peintre, la même passion pour l'art. Le couple se rend tous les ans en Italie où il achète des objets d'art et, au fil du temps, tous deux constituent l'une des plus belles collections d'art italien en France.
Le Café, installé dans l'ancienne salle à manger, ouvre d'un côté sur le salon de musique, de l'autre sur une agréable terrasse.

Son cadre raffiné présente un décor remarquable. Les tapisseries, tissées à Bruxelles au début du XVIIIe siècle, racontent l'histoire d'Achille. L'une des plus connues représente « Achille plongé dans les eaux du Styx ».
Le plafond est décoré d'une fresque de Tiepolo dont la surprenante histoire mérite d'être contée. Durant un séjour à Venise, en 1893, les époux Jacquemart André découvrent que des fresques de Tiepolo sont à vendre et ils les achètent pour deux raisons : ces fresques sont l'œuvre de l'un des maîtres de la peinture baroque italienne et elles se réfèrent à un événement historique pour la royauté française. En 1574, à la mort de Charles IX, Henri III rentre de Pologne et passe par Venise. Lors de son séjour il est reçu par le procureur de Venise Federico Contarini dans sa villa aux bords de la Brenta. Plus tard, en 1745, Vincenzo 1er Pisani commande à Tiepolo un décor pour le vestibule de cette villa. L'artiste choisit alors de raconter la « visite d'Henri III », un des événements majeurs qui s'y soient déroulés. Ces deux fresques sont visibles dans le musée. L'une décore le ravissant jardin d'hiver et son escalier à double révolution, l'autre le plafond du Café. Les personnages en trompe-l'œil qui, accoudés à la balustrade assistent à l'arrivée d'Henri III, semblent accueillir les visiteurs. À droite de la femme tenant une ombrelle, Tiepolo s'est représenté un carton de dessin à la main. Quant à la queue du petit singe qui escalade la balustrade, elle pendait sur une corniche à la villa Contarini. Ici, elle a été repeinte.

Un patio Art déco

Le Jardin des Cygnes

Hôtel Prince de Galles
33, avenue George V, 75008 Paris
M° George V
01 53 23 77 77, www.hotelprincedegalles.fr

Ouvert tous les jours de 7 h à 22 h 30

En 1920, François Dupré, homme d'affaires fortuné, et André Million, président du Grand Hôtel et de l'hôtel Meurice, se disputent l'achat d'un terrain pour construire un luxueux hôtel qui porterait le nom d'hôtel de l'Alma. Ils décident finalement de se partager le terrain et chacun y fait élever un hôtel. L'un, aura pour nom l'hôtel George V, l'autre, pour rivaliser avec son voisin, s'appellera Prince de Galles, titre de noblesse du roi George V. Construit par le célèbre architecte de l'entre-deux-guerres André Arfvidson, le prince de Galles est inauguré en 1928. Son architecture et son décor reflètent l'esprit de l'Exposition universelle des Arts décoratifs de 1925.
L'hôtel s'élève sur 8 étages répartis autour d'une cour intérieure à ciel ouvert aux façades décorées de mosaïques. Au rez-de-chaussée, la cour est aménagée en patio avec une galerie à arcades et, au centre, 4 petits escaliers qui descendent vers une fontaine octogonale (à présent disparue). Le Jardin des Cygnes, restaurant d'été, se situe dans ce ravissant patio, véritable havre de paix. Sol et murs sont entièrement tapissés de mosaïques aux motifs géométriques ou curvilignes de couleur ocre rouge rehaussé d'or. Aujourd'hui, deux des côtés du patio ont été fermés : l'un pour construire un ascenseur, l'autre pour agrandir le restaurant mitoyen. Dès son ouverture, cet hôtel a attiré des gens célèbres tels que Winston Churchill, Marlène Dietrich (dont on raconte qu'en 1939, elle quitta précipitamment l'hôtel sans ses malles remplies de robes magnifiques qu'elle ne retrouva jamais), Errol Flynn, Rita Hayworth, Orson Welles, Elvis Presley, Michaël Jackson, pour ne citer qu'eux.

Un écrin Second Empire

Ladurée
16, rue Royale, 75008 Paris
M° Madeleine, Concorde
01 42 60 21 79, www.laduree.fr

Ouvert du lundi au jeudi
de 8 h 30 à 19 h 30 (20 h les vendredi et samedi),
le dimanche de 10 h à 19 h

Louis Ernest Ladurée, minotier dans le Sud-Ouest, s'installe en 1862 rue Royale, dans un quartier chic de la capitale entre la place de la Concorde et la place de la Madeleine et à quelques pas du faubourg Saint-Honoré où se situent de nombreux artisans de luxe. La boulangerie, victime d'un incendie en 1871, est transformée et son enseigne devient celle d'une pâtisserie. La devanture vert amande, avec ses pilastres marbrés, annonce le raffinement de l'intérieur.
Le décor a été réalisé par Jules Chéret, le célèbre affichiste, qui peint les plafonds en s'inspirant des techniques utilisées à l'opéra Garnier. La femme alanguie entourée d'angelots rappelle la légèreté et la grâce des peintures de Watteau, dont Chéret était un grand admirateur. Plusieurs angelots joufflus jouent avec des brioches. Le plus célèbre d'entre eux est l'ange pâtissier devenu la mascotte de la maison et qui inspira plus tard toute sa charte graphique. Coiffé d'un bonnet de marmiton, il tient une longue palette en bois qu'il enfourne dans un feu qui rayonne comme un soleil.
La vogue croissante des cafés parisiens au XIXe siècle, et particulièrement sous le Second Empire, donne à Mme Ladurée l'idée d'associer café et pâtisserie. Ainsi, crée-t'elle l'un des premiers salons de thé parisiens, qui devient vite un lieu privilégié pour les femmes. Son petit-fils invente le fameux macaron moelleux et croustillant, devenu la friandise emblématique de la maison. En 1930, Pierre Desfontaines, petit cousin de Louis Ernest Ladurée, ouvre un salon au premier étage.
Le cadre évoque l'atmosphère luxueuse et raffinée du Second Empire.
Le macaron, présenté en pyramides multicolores, reste le produit phare depuis sa création, même si la maison propose bien d'autres douceurs.

Havre de paix près des Champs-Elysées

Le jardin du Petit Palais
Avenue Winston Churchill, 75008 Paris
M° Champs-Elysées Clemenceau
01 53 43 40 00, www.petitpalais.paris.fr

Ouvert du mardi au dimanche de 10 h à 17 h 15

Le Grand Palais et le Petit Palais, superbes vestiges de l'Exposition universelle de 1900, se situent sur une voie prestigieuse qui relie les Champs-Elysées aux Invalides. Charles Girault, architecte du Petit Palais, conçoit un édifice dans l'esprit de l'art officiel où il intègre des emplacements, principalement dans les vestibules et les lieux de passages, destinés à recevoir un décor peint et sculpté glorifiant la Ville de Paris et les bienfaits de l'art. Ce décor ne sera réalisé qu'entre 1903 et 1925. Une magnifique grille en fer forgé dorée accueille le visiteur qui découvre avec surprise l'élégant hall d'accueil du Petit Palais, aujourd'hui musée des Beaux-Arts de la Ville de Paris aux collections remarquables.
Le vestibule d'entrée frappe par son volume et sa clarté. La rotonde éclairée par des vitraux dits « américains » réalisés en verre blanc et opale, la fenêtre ouvrant sur les jardins intérieurs, le sol en mosaïque et les quatre panneaux d'inspiration symboliste peints par Albert Besnard (1903 à 1910) campent le décor. Depuis 2005, l'ouverture des ravissants jardins, agrémentés de petits bassins et aménagés autour d'un élégant péristyle, permettent aux visiteurs de flâner, de rêver et de se délasser autour d'une saveur sucrée ou salée.
Le péristyle, comme les rebords des trois bassins, est décoré d'un magnifique tapis de mosaïques réalisé par Facchina, célèbre mosaïste d'origine italienne (1826-1923).
Les voûtes du portique sont l'œuvre de Paul Beaudoin, élève de Puvis de Chavannes, qui a remis à l'honneur l'art de la fresque, une technique remontant à la Renaissance. Il a imaginé un décor de treilles, scandé par les saisons, et de médaillons où alternent les mois avec les heures du jour et de la nuit.

L'Empire des sens

1728

8, rue d'Anjou, 75008 Paris
M° Concorde ou Madeleine
01 40 17 04 77, www.restaurant-1728.com

Ouvert tous les jours
de 12 h à 15 h 30 et de 19 h 30 à minuit,
sauf le dimanche et le samedi à midi

Cette rue était dotée de très beaux hôtels particuliers, comme celui de la famille Polignac, qui ont disparu sous les coups de pioche d'Haussmann lors de l'élargissement de la rue d'Anjou. Seul survivant, cet hôtel où vécut et mourut le général Lafayette. Cette faveur serait due au fait qu'Haussmann considérait Lafayette, qui l'avait initié à la franc-maçonnerie, comme son père spirituel. Edifié en 1728 par Mazin, architecte des arsenaux du roi, sa conception intérieure relève de principes précis et originaux, comme par exemple le fait que les pièces de nuit donnent sur un couloir où l'on pouvait passer à cheval.
Après Mazin, l'hôtel est habité par les Marquet de Bourgade, à une époque où la marquise de Pompadour y tient salon en attendant l'aménagement de son hôtel d'Evreux, actuel palais de l'Elysée. Puis il devient une maison de rapport dont l'occupant le plus célèbre a été le général Lafayette.
Jean-François Chuet, collectionneur, esthète et mentor des lieux, et sa femme Yang Lining, grand prix du Conservatoire de Pékin et maître de cythare classique, se sont attachés à faire revivre cette demeure au passé fastueux.
Dans les salons d'apparat, la musique classique, distillée en sourdine, renforce l'atmosphère raffinée. Les décors originaux ont été réinterprétés d'après les planches de Contet, étonnant personnage dont l'habitude était de dessiner tous les lieux où il était reçu (ses dessins ont été regroupés dans un recueil, *La Bible de Contet*).
L'entrée du 1728 correspond à l'ancienne salle d'armes aménagée dans le goût vénitien très prisé au XVIIIe siècle. Le salon de musique, redécoré sous Louis XVI, est resté dans son « jus ». Les boiseries du salon Lafayette, désormais à Washington, ont été refaites à l'identique. Le parquet à la française ainsi que les frises conçues par Mazin comme les allégories aux vertus de la fraternité, sont d'origine. Le salon Pompadour a été restauré dans le goût chinois. Tableaux, bibelots et objets d'art complètent le cadre de cette table gastronomique.

La grande époque des Grands Boulevards

Café de la Paix
12, boulevard des Capucines, 75009 Paris
M° Opéra
01 40 07 36 36, www.cafedelapaix.fr

Ouvert tous les jours
Terrasse : à partir de 8 h
Restaurant : de 12 h à 15 h et de 18 h à 23 h 30

Durant tout le XIXe siècle, les Grands Boulevards, lieux de rencontres, de plaisirs et d'affaires, sont le cœur de la vie sociale parisienne. Les étrangers comme les Parisiens adorent y flâner, se rendre aux spectacles, se retrouver dans les nombreux cafés qui rythment les jours et les nuits. Certains accueillent une clientèle plus populaire, d'autres, comme le Café de la Paix, une clientèle distinguée. Daudet l'évoque dans *Trente ans de Paris* : « C'est principalement le soir que sa terrasse se trouve envahie par les promeneurs. Je n'y ai point vu jusqu'ici ces péripatéticiennes du boulevard auxquelles les devantures des autres cafés servent d'escales ; les honnêtes femmes qui s'associent aux tables du Café du Grand Hôtel ne se plaignent pas de l'absence de ces crinolines tapageuses dont le voisinage est si fâcheux pour elles, et si agréable pour leurs maris ou pour leurs amants. »
Sous le Second Empire, c'est l'apogée des Grands Boulevards. L'inauguration en 1862 du Grand Hôtel (de la Paix à l'origine et dont le café dépend) par l'impératrice Eugénie et par Offenbach qui dirige l'orchestre, a lieu en grand pompe. Puis en 1875, l'inauguration de l'Opéra contribue à son succès. Il devient le rendez-vous obligé des artistes, journalistes, écrivains, gens de théâtre, hommes d'affaires. Proust, Zola, Maupassant, Wilde, Gide et plus tard Hemingway et Marlène Dietrich seront des clients assidus.
Ce cadre prestigieux a été restauré en 1974 et ses plafonds classés. Immense, le café se déploie en plusieurs espaces rythmés par des colonnes cannelées supportant des poutres ouvragées qui séparent les plafonds ornés de ciels et d'angelots festifs qui fument et boivent. On voit encore les anciens tuyaux, peints en blanc et agrémentés de feuilles dorées, qui acheminaient le gaz pour l'éclairage. C'est une invitation à un voyage dans le Second Empire, où dorures, lustres, mobilier, miroirs, argenterie, évoquent le faste et l'élégance un peu tapageuse du règne de Napoléon III.

J'AIME LE PETIT RICHE
EN CALORIES, EN ÉMOTIONS
ET PARFOIS, EN AMOUR...
J. Savary

Les riches heures du Petit Riche

Au Petit Riche
25, rue Le Peletier, 75009 Paris
M° Richelieu-Drouot
01 47 70 68 68, www.restaurant-aupetitriche.com

Ouvert tous les jours
de 12 h à 14 h et de 19 h à minuit

Le Café Riche qui ouvre boulevard des Italiens en 1804 attire une clientèle chic sur les Grands Boulevards. En 1854, un dénommé Chansart ouvre le Petit Riche, enseigne choisie par dérision en référence au Café Riche et à sa clientèle huppée. Le Petit Riche accueille les techniciens de l'Opéra, les cochers, les gens de maison.
En 1873, tout le quartier brûle. Quand, en 1880, un certain Besnard, originaire du Vouvray, reprend le restaurant, il le transforme et le décore. Le bar et les 4 salles reçoivent un beau décor de boiseries, de plafonds peints, de miroirs, de bois peints bordés d'une frise de fruits et légumes, de verres gravés, de banquettes et de chapelières. Au premier étage sont aménagés des salons particuliers très en vogue à cette époque. Le cadre sobre et élégant attire une nouvelle clientèle d'hommes d'affaires, de gens de théâtre, de journalistes et d'hommes politiques qui apprécient la cuisine bourgeoise et les vins du Val de Loire, une tradition lancée par Besnard qui possédait ses propres caves à Bourgueil et Vouvray. La maison, en souvenir de son fondateur, privilégie les vins du Val de Loire et offre probablement aujourd'hui la plus belle carte de Paris pour ces vins.
En 1920, le succès entraîne un agrandissement : la salle du fond, à l'angle de la rue Rossini, à l'emplacement d'une partie des anciennes écuries des Rothschild, se démarque des autres salles par son carrelage, sa hauteur de plafond et les verres gravés en façade qui sont une copie de ceux d'origine décorés de motifs de rideaux et figurant sur toute la devanture. Christian Lameloise, aujourd'hui propriétaire des lieux, a pris l'heureux parti de ne rafraîchir que les peintures et de ne rien toucher au décor qui fait tout le charme de cette maison. Les couloirs et la montée d'escalier sont tapissés de photos de clients célèbres (artistes, comédiens, politiques...), qui ont apposé leur signature dans le prestigieux livre d'or.

La plus belle coupole de Paris

Brasserie du Printemps
64, boulevard Haussmann, 75009 Paris
M° Havre-Caumartin
01 42 82 58 84

Ouvert du lundi au samedi de 9 h 30 à 20 h (22 h le jeudi)

Fondé en 1865, le Printemps, créé par Jules Jaluzot, est le magasin le plus moderne de son temps. Cependant, deux incendies ravagèrent cette « cathédrale du commerce ».
Le premier, en 1881, est provoqué par l'embrasement d'un rideau au moment de l'allumage des lampes à gaz. Quelques mois plus tard, le Printemps renaît de ses cendres sous la houlette de l'architecte Sédille. Dès 1888, soucieux de la sécurité, Jaluzot remplace l'éclairage au gaz par une technique innovante et révolutionnaire : l'électricité. Le magasin devance la Ville de Paris et s'illumine de 160 foyers à arc et de 112 lampes à incandescence.
En 1907, débutent les travaux des Nouveaux magasins qui, à leur tour, sont victimes, en 1921, d'un incendie.
Reconstruit par l'architecte Georges Wybo, le Printemps rouvre ses portes en 1924 et le Tout Paris se précipite pour admirer la magnifique coupole, classée en 1975. Modernité et rentabilité obligent, une rénovation complète des 6 étages du Printemps de la Mode entraîne le démontage du superbe escalier, et au fil des années, la vue sur la coupole se trouve masquée et ne devient visible qu'au 6e étage.
Récemment restaurée, cette magnifique verrière Art déco vaut à elle seule le détour. Réalisée par le maître-verrier Brière et installée en 1923, ses 3 985 éléments de vitrail ont été démontés en 1939 et mis à l'abri dans les entrepôts du Printemps à Clichy. Oubliés après la guerre, ce n'est qu'en 1973 que les vitraux ont été remis en place.
Restaurés par le petit-fils de Brière d'après les plans d'origine conservés dans la famille, la coupole resplendit toujours et elle reflète le décor magistral du Printemps d'antan.

Une institution, depuis 1896

Chartier
7, rue du Faubourg-Montmartre, 75009 Paris
M° Grands Boulevards
08 26 10 07 93, www.restaurant-chartier.com

Ouvert tous les jours de 11 h 30 à 22 h

Bien que Chartier soit niché au fond d'une cour un peu sombre, l'adresse de cet établissement est connue du monde entier. Passée la porte à tambour, on arrive dans une immense salle aux allures de cantine populaire au moment du coup de feu de midi. Les serveurs en col blanc, nœud papillon et gilet noir s'affairent en tous sens et inscrivent toujours la commande sur la nappe en papier comme l'addition griffonnée et calculée d'un geste rapide sur le coin de la table. Si les frères Chartier n'ont pas inventé les « bouillons » (l'idée revient au boucher Pierre-Louis Duval qui crée, en 1895, un restaurant pour petite bourse où il propose un bol de bouillon revigorant accompagné de quelques morceaux de viande), ils leur ont donné leurs lettres de noblesse en choisissant d'en faire des lieux au décor luxueux.

Parmi les établissements créés par les Chartier (Vagenende, Le Montparnasse 1900, Le Bouillon Racine), celui du faubourg Montmartre est le premier (1896) et le plus sobre. La vaste salle du bas, avec son enfilade de tables séparées par des cloisons basses en bois sombre et des chapelières en cuivre, est divisée en deux parties : la première, très haute de plafond et éclairée par des lustres à globes, conserve encore les meubles aux petits tiroirs numérotés, où les habitués rangeaient autrefois leur rond de serviette.
La seconde, éclairée par une vaste verrière, est décorée de miroirs et d'un grand tableau signé Germont (1929), représentant un paysage dont le ciel est traversé par une sorte d'Eole. Les murs, aux soubassements de marbre, sont recouverts jusqu'à mi-hauteur de boiseries et les miroirs sont encadrés de moulures et du monogramme des 2 C entrelacés de Camille Chartier.
À l'étage, la mezzanine offre une vue plongeante sur la salle. Aujourd'hui, Chartier, seul bouillon à avoir conservé le nom de son fondateur, maintient la tradition de l'œuf mayonnaise et du hareng pommes à l'huile à des prix attractifs. La clientèle est diversifiée, on y croise aussi bien des ouvriers et des artisans que des journalistes et des antiquaires de Drouot, des touristes étrangers que des habitués.

Toujours mythique

Cercle Clichy-Montmartre

84, rue de Clichy, 75009 Paris
M° Place de Clichy
01 48 78 32 85, www.cerclecm.com

Ouvert tous les jours de 13 h à 6 h
(interdit aux mineurs, pièce d'identité obligatoire)

Quelle surprise de découvrir ce lieu hors du temps à l'abri du brouhaha et de la cohue de la place de Clichy ! Ce quartier est, depuis des siècles, un lieu de loisirs. Richelieu y possédait une folie, et l'Académie de Billard se situe à l'emplacement de la folie Bouxière et de l'ancien jardin de Tivoli. L'étonnant décor de l'ancien bouillon Duval (carrelage, stucs ouvragés, vastes miroirs, grille en zinc finement découpé qui encadre l'immense verrière) est entièrement conservé et sert aujourd'hui d'écrin à la salle de billard et de poker.
Sa création remonte à la fin du XIXe siècle et il a appartenu à la famille du boucher Duval jusqu'en 1916. Pendant la Seconde Guerre mondiale, les Allemands utilisent cette salle comme remise pour chevaux et carrioles, puis Citroën en fait un lieu d'exposition. Luc Richard, actuel directeur général, raconte : « mon beau-père, Jean Bauchet [directeur du Moulin Rouge], eut l'idée de monter une salle de billard à Paris comme celle existant près de l'Opéra. En 1946, il ouvre ce cercle de jeu avec billards français. Le billard américain arrivera beaucoup plus tard. Au fond de la grande salle rectangulaire, sous l'horloge, il y avait un miroir derrière lequel nous avons retrouvé la porte qui donnait sur les cuisines au temps du bouillon ; à cette même époque, les trois petites marches, qui descendent au multicolore, menaient à une courette où devaient s'effectuer les livraisons. »
La verrière de la grande salle, à l'origine en verre cathédrale, n'étant plus aux normes de sécurité, a été changée dans les années 2000.
C'est un peintre de Montmartre, Jean Giroux, qui l'a imaginée :
« Les couleurs ne sont pas un hasard, explique Luc Richard, ce sont celles qu'employait l'architecte Jean Miroude qui a construit ce lieu ; quant aux stucs, ils étaient vraisemblablement peints. Un jour peut-être nous les retrouverons sous les couches de peinture accumulées avec le temps ».

Jean Giroux a également conçu la verrière du petit bar où apparaît une sorte de « déesse Fortuna » aux couleurs chatoyantes. La salle circulaire du « multicolore » avec ses fauteuils disposées en gradin et ses tables de pok 1, de stud poker et de poker trois cartes, se démarque par l'originalité de sa conception intérieure. Détail qui n'a pas échappé à Frédéric Beigbeder qui y réalise, depuis 7 ans, son émission littéraire et cinématographique « Le Cercle », présentée sur Canal +.
Parmi les 9 cercles de jeu qui existent à Paris, celui-ci est sûrement le plus mythique de tous. Il a 3 billards français, 7 billards américains, un pool anglais et un snooker. La partie de billard reste l'attraction favorite des joueurs de ce club de réputation internationale où se disputent plusieurs championnats ainsi que le tournoi féminin de poker hold'en.

A voir en passant

HERBORISTERIE DE LA PLACE CLICHY

87, rue d'Amsterdam, 75009 Paris
M° Place de Clichy
01 48 74 83 32

Ouvert du lundi au vendredi de 10 h à 19 h,
le lundi de 11 h à 19 h,
le samedi de 10 h à 13 h et de 14 h à 18 h

N'hésitez pas à pousser la porte de cette superbe herboristerie dont le décor remonte à 1880. Les 1001 flacons et sachets en papier remplis de plantes les plus diverses couvrent les murs et semblent contenir des potions magiques pour guérir de tous les maux, troubles ou maladies. Jean-Pierre Raveneau, biologiste et docteur en pharmacie, n'a pas hésité à quitter Nantes après la découverte de cette herboristerie, tenue pendant 30 ans par Mme Verdier qui vendait des tisanes et des huiles essentielles. En 1993, il rachète l'enseigne, bien décidé à la redynamiser. Aujourd'hui, on y trouve des trésors préparés exclusivement à base de molécules végétales. « J'ai parcouru le monde entier pour découvrir les plantes et leurs propriétés curatives. Environ 90 % d'entre elles sont récoltés par cueillette et 5 % proviennent de culture, [...] et sont efficaces à 80 % » explique J.-P. Raveneau.

L'herboristerie conserve sa devanture ancienne, ses étagères en chêne, son mobilier avec ses grands tiroirs aux poignées et boutons de laiton, ses miroirs, ses marbres et ses vieux pots à pharmacie, où figure en médaillon le portrait d'Hippocrate, où l'on gardait le miel blanc la cire blanche, le baume de Tolu. D'un côté, les étagères présentent les sachets en papier estampillés au nom de l'herboristerie et disposés en rangs serrés, qui contiennent des racines de guimauve, des feuilles de Séné, de houblon, de lierre terrestre, des fleurs de coquelicots, de pavots, d'ortie blanche, de chicorée, d'aubépine, de verveine odorante... De l'autre, sont alignés une multitude de flacons aux propriétés les plus variées comme l'élixir suédois, le tonique sensuel, la potion qui stimule la libido, mais aussi de nombreuses crèmes pour combattre la couperose, le psoriasis, les picotements dans les jambes...

A la lecture de toutes ces étiquettes, on ne résiste pas à l'envie de prendre son corps et son bien-être en main.

Cette officine du passé attire une clientèle nombreuse en quête d'une médecine plus authentique aux vertus curatives reconnues.

Chez Marie-Adélaïde et Hélène

À la Mère de famille

35, rue de Faubourg-Montmartre, 75009 Paris
M° Cadet, Grands Boulevards
01 47 70 83 69, www.lameredefamille.com

Ouvert du lundi au samedi de 9 h 30 à 20 h, le dimanche de 10 h à 13 h

Marie Adélaïde Bridaud, femme resplendissante si l'on en croit les commentaires d'un guide ancien, tient cette confiserie avec ses enfants à partir de 1761. La maternité l'ayant rendue épanouie, elle est fière de se faire représenter sur un écusson (au mur en face de la caisse) entourée de sa progéniture.

Etienne Dolfi, confiseur alsacien, a repris cette enseigne en 1998 et c'est aujourd'hui son fils Steve qui la dirige. L'actuel logo orange est illustré, comme celui de la fondatrice, par le portrait d'Hélène Dolfi coiffée d'une capeline et entourée de ses 4 enfants : Jane, Jonathan, Sophie et Steve.
Ici, la tradition se perpétue dans l'esthétique comme dans la qualité des produits. Le décor remonte à la fin du XIXe siècle et rien n'a changé, sauf l'éclairage, dans cette superbe boutique plus que bicentenaire où l'on vend aussi liqueurs, champagnes, vins... Toutes les bonnes choses pour des instants de fête en famille ou entre amis !
La superbe devanture est classée et l'inscription « A la Mère de famille » figure sur le beau carrelage blanc et bleu. L'étonnante caisse en verre et en bois, les meubles aux grands tiroirs où sont conservés des merveilles à déguster, confèrent à cette boutique une atmosphère magique.
Les bocaux de verre aux délices multicolores sont remplis de dragées, de lilliputiens (des petits sucres d'orge), de guimauve, et voilà que sur l'étagère je découvre avec émotion les bonbons de mon grand-père, les gommes, les coquelicots, les violettes..., toujours en vente ici.
Enfin, quand on se tourne vers le rayon des chocolats, impossible de résister. 80 % des produits sont de fabrication maison, les autres sont des spécialités régionales, négus de Nevers, bergamotes de Nancy, bêtises de Cambrai, calissons d'Aix..., ou étrangères comme les *hopjes* hollandais. La Mère de famille compte aujourd'hui 8 autres adresses dans Paris, mais toutes les générations viennent et reviennent dans la Maison mère, pour le plaisir des yeux et celui du palais.

A voir en passant

CHEZ JONATHAN

24, rue du Faubourg-Montmartre, 75009 Paris

M° Grands Boulevards

L'ancienne poissonnerie Bernheim, connue autrefois sous le nom Aux 5 poissons, possède un décor remarquable qui faisait d'elle la plus belle poissonnerie de Paris. La devanture est en carreaux de Sarreguemines et, à l'intérieur trois immenses tableaux en céramique présentent un décor différent.
Celui du fond, qui montre un incroyable rivage où déferlent vagues, mollusques et cétacés, doit beaucoup à l'importante diffusion de l'estampe japonaise d'Hokusaï en France au XIXe siècle. Cette fresque se démarque des deux autres paysages, l'un maritime et l'autre fluvial, qui l'encadrent.

Pour les peaux délicates et aristocratiques

Detaille
10, rue Saint-Lazare, 75009 Paris
M° Notre-Dame-de-Lorette, Trinité
01 48 78 68 50, www.detaille.com

Ouvert du mardi au samedi de 11 h à 13 h et de 14 h à 19 h

L'élégant portrait de la comtesse de Presles accueille le visiteur dans cette jolie boutique au décor suranné. La comtesse de Presles a été l'une des premières Parisiennes à posséder une voiture décapotable. Son engouement pour les voyages en automobile présentait cependant un inconvénient, celui d'exposer son visage aux agressions du vent. Elle eut alors l'idée de demander à son ami le chimiste Berthelot de créer une crème protectrice. Il conçut pour elle « le baume automobile » dont les effets bénéfiques sur la belle comtesse ne tardèrent pas à rendre jalouses toutes ses amies. Soucieuses de protéger leur beauté, elles commandèrent le baume à la comtesse de Presles qui commença à le commercialiser dans son appartement de la rue Caumartin. Les demandes affluèrent et le succès fut tel qu'elle déclina d'autres produits de beauté et des lotions comme l'Eau de Hongrie. Epouse du peintre militaire Edouard Detaille, la comtesse de Presles associa le nom de son époux à ses créations. On ne sait pas exactement quand elle s'installa dans cette ancienne boutique de torréfaction (comme en témoigne le décor des grains de café sur la porte).
La maison Detaille conserve plusieurs registres anciens particulièrement émouvants à feuilleter. Ceux de 1912, 1913 et 1916 recèlent des signatures provenant des quatre coins de l'Europe. Un grand nombre d'entre elles sont celles de têtes couronnées, de dames de l'aristocratie ou de la bourgeoisie huppée, et l'adresse qui y figure était souvent celle d'un lieu de villégiature, d'un palace en Italie ou sur la Côte d'Azur. En dehors du baume automobile, la spécialité qui fit la renommée de la maison Detaille est la poudre de riz fine, légère et parfumée à l'héliotrope.
La famille Pallier, qui a repris Detaille en 1990, conserve l'esprit de ses créations destinées aux peaux sensibles. Le Japon, intéressé par la qualité

des poudres et des lotions, fabrique sous licence les produits Detaille, une exportation qui a donné un nouveau souffle à la marque.
Le carrelage ancien semé de fleurs jaunes et bleues et les étagères en bois où sont conservés les flacons aux étiquettes jaunies et les boîtes de poudres, toujours fabriquées selon les formules des années 1900, avec houppette et tamis dans leur écrin raffiné, donnent à cette boutique un indicible charme d'antan.

Des saisons aussi charmeuses que mystérieuses

Julien
16, rue du Faubourg-Saint-Denis, 75010 Paris
M° Strasbourg Saint-Denis
01 47 70 12 06, www.brasseriejulien.com

Ouvert tous les jours de 12 h à 15 h et de 19 h à 1 h (minuit les dimanche et lundi)

Quand on entre dans ce vaisseau Art nouveau, on est surpris par le contraste entre l'atmosphère raffinée, le décor grandiose du lieu et l'ambiance populaire et bruyante de la rue du Faubourg-Saint-Denis. En 1787, on trouvait à cet emplacement une auberge à l'enseigne du Cheval blanc qui deviendra plus tard l'un des premiers cafés-concerts. Au milieu du XIXe siècle, ouvre un restaurant, rebâti en 1902 par Fournier, le propriétaire de l'immeuble, qui souhaite que la façade, en retrait, se situe sur l'alignement de la rue. Sur sa lancée il réaménage les lieux et l'agrandit. La cour intérieure lui permet de construire une grande salle couverte en 1925 par 3 verrières aux motifs floraux diffusant une lumière tamisée.
Pour ce restaurant, qui n'est qu'un bouillon, Fournier fait appel à de grands artistes. L'avant-salle au sobre décor précède le magnifique bar en acajou de Cuba attribué au célèbre décorateur et ébéniste Majorelle. Les volutes creusées dans le bois sont inspirées des plantes tiges observées dans la nature et le tablier d'étain présente un bandeau ouvragé.
La grande salle possède un décor somptueux où s'exprime toute l'exubérance de l'Art nouveau. Entre les 3 grands miroirs s'intercalent les allégories des saisons représentées par 4 femmes lascives, portant chacune une tenue différente rehaussée de cabochons et de perles aux couleurs chatoyantes : le printemps est comme auréolé de fleurs, l'été de feuilles tendres, l'automne de feuilles mortes et l'hiver de tiges de pins. Ces grands tableaux en pâte de verre sont l'un des chefs-d'œuvre de Louis Trézel. Leur esprit se rapproche des créations des affiches d'Alphonse Mucha, notamment de la fameuse gravure de *Gismonda* représentant Sarah Bernhardt. Sur le mur du fond, deux magnifiques paons incrustés de pierreries complètent l'ensemble. Depuis les années 1960, Julien est un lieu de rendez-vous de la mode, du monde politique et des gens du spectacle, les théâtres étant encore nombreux alentour.

Fête de tous les sens

Flo
7, cour des Petites Ecuries, 75010 Paris
M° Château d'Eau
01 47 70 13 59, www.flobrasseries.com

Ouvert tous les jours de 12 h à 15 h et de 19 h à minuit

Pas toujours facile de trouver ce petit passage, véritable havre de paix, à quelques pas de la cohue et du brouhaha de la rue du Faubourg-Saint-Denis et des Grands Boulevards. Le nom « Petites Ecuries » vient des anciennes petites écuries du roi au XVIIIe siècle, annexe de celles de Versailles, où Flo est installé. À partir de 1901, le propriétaire du lieu s'associe avec la brasserie Hans dont il adopte l'enseigne ; puis l'établissement est vendu en 1909 à Monsieur Floderer, un des nombreux Alsaciens exilés à Paris depuis l'annexion de l'Alsace par les Allemands en 1870. Sur la façade, on voit encore l'inscription « jeux de quilles », ce jeu se pratiquant autrefois au sous-sol.
À l'intérieur, les boiseries sombres, les plafonds à caissons, les fenêtres aux vitraux constellés de triangles de couleurs, les peintures aux couleurs mordorées et les chapelières en cuivre donnent au lieu une atmosphère de taverne ou plutôt de « gasthaus ». Dans la première salle, le mur du fond est décoré d'une immense fresque qui célèbre (de gauche à droite) les différentes étapes de la fabrication de la bière, du champ de houblon à la dégustation du breuvage par Gambrinus (le roi de la bière) et ses lutins, en passant par la cueillette, le brassage et la fermentation. Un frise représente des jeux de dames, dés, cartes et échecs. Dans la seconde salle, 4 paysages signés Morel de Tangry évoquent l'Alsace et les Vosges aux paysages verdoyants et bucoliques. La cloison en bois est ornée d'un vitrail avec 3 tableaux signés Konrad Sternfeld.
En 1968, l'Alsacien Jean-Paul Bucher, fondateur par la suite du groupe Flo, relance la brasserie qu'il définit comme un lieu de « fête de tous les sens ». Le succès est immédiat et la proximité de nombreux théâtres attire chez Flo chanteurs, artistes et comédiens. Parmi eux, Paul Meurisse, qui vint dîner tous les soirs pendant les trois années où il jouait *Un sale égoïste* de Françoise Dorin au théâtre Antoine. Julien Clerc et son complice Etienne Roda-Gil y prennent leurs quartiers après les représentations de la comédie musicale *Hair* jouée au théâtre de la Porte Saint-Martin.

Géant et plein de surprises

Delaville Café

34, boulevard Bonne Nouvelle, 75010 Paris
M° Bonne Nouvelle
01 48 24 48 09, www.delavillecafe.com

Ouvert tous les jours de 11 h à 2 h, brunch le dimanche

Rien, depuis l'extérieur assez banal, ne laisse supposer que ce café à la longue histoire est de dimensions gigantesques et qu'il conserve un incroyable décor.
Sa création, vers 1850, est due à Nicolas de Marguery qui fonde un restaurant dans un café attenant au théâtre du Gymnase où les pièces d'Alexandre Dumas fils remplissent la salle. Marguery espère le même succès et voit grand, très grand. Au fil du temps, sa spécialité, la sole Marguery nappée d'une sauce de son invention, asseoit sa notoriété. Il s'agrandit alors et n'hésite pas à engager des frais énormes pour le décor.
Des salles, aménagées sur plusieurs niveaux reçoivent chacune une décoration différente : mauresque, égyptienne, gothique, française...
Aujourd'hui subsiste principalement la première salle entièrement recouverte de mosaïques sur fond or avec des motifs floraux qui se reflètent à l'infini dans les miroirs. D'autres salles conservent des pans de murs peints et l'escalier monumental, avec des colonnes peintes en rouge grenat imitant le porphyre, paraît insolite dans cette ambiance aujourd'hui décalée.
Autrefois, le Marguery avait deux entrées, l'une sur le boulevard Bonne Nouvelle, l'autre rue d Hauteville où l'on voit encore des inscriptions sur le linteau d'une porte en pierre et au fond d'une cour en lettres dorées. Les propriétaires actuels ont, comme Marguery, mélangé les styles en sauvegardant tout ce qui était possible et en restaurant la grande salle Napoléon III aux mosaïques. Musique, cocktails, éclairage tamisé en font un lieu à la fois kitch et tendance.

Qu'est le pavillon de chasse d'Henri IV devenu ?

La Table du Pavillon

Holiday Inn Paris Opéra
38, rue de l'Echiquier, 75010 Paris
M° Bonne Nouvelle ou Strasbourg - Saint-Denis
01 42 46 92 75, www.holiday-in.com/paris-opera

Ouvert du lundi au vendredi de 12 h à 14 h

L'hôtel Les Provinces Opéra et l'hôtel Holiday Inn Paris Opéra se situent à l'emplacement d'un pavillon de chasse d'Henri IV construit en 1593. Sa cour intérieure était délimitée par des colonnes que l'on retrouve près du bar. Henri IV en fit don au couvent des Filles de Dieu, devenu Bien national à la Révolution. A partir de 1850, les bâtiments sont transformés en un immense hôtel, Les Provinces, qui attire la clientèle bourgeoise des Grands Boulevards comme le montrent des photos anciennes à l'entrée du restaurant. Cet établissement, aujourd'hui divisé en deux hôtels, possédait deux salles au décor intéressant. La Table du Pavillon, actuel restaurant de l'hôtel Holiday Inn, possède des réminiscences Art nouveau et une stylisation qui se rattache à l'esprit Art déco. La verrière en verre blanc translucide est décorée de motifs

floraux et d'oiseaux bleus, les boiseries en acajou, les céramiques, le carrelage en mosaïques fines et les miroirs donnent un charme indéniable à ce lieu où Romy Schneider a tourné des scènes de *La Banquière*.

A voir aussi, quelques mètres plus loin

BAR DE L'HÔTEL PROVINCES OPÉRA
36, rue de l'Echiquier, 75010 Paris
01 45 23 24 01

C'est l'un des rares et des plus beaux bars Art déco de la capitale (voir photo ci-dessus). Dessiné et réalisé en 1925 sous la direction de Robert Joël, il est inscrit à l'inventaire supplémentaire des Monuments historiques. Son superbe décor a été réalisé par plusieurs artisans : les verres gravés par Lefebvre, la menuiserie par Streitmater, le staff par Michaud, les fers forgés par Coulon, le mobilier par Brunewick, la mosaïque par la Compagnie française de mosaïque de Maubeuge, la sculpture par Léonet. Le bar a fière allure avec ses piliers cannelés et les cloisons qui séparent les tables sont agrémentées de colonnettes en bois surmontées d'une sorte de coupe de fruits. Le décor, quant à lui, mérite d'être observé en détails.

PARIS
TERMINUS
NORD

Énigmatique rencontre entre Art nouveau et Art déco

Terminus Nord
23, rue de Dunkerque, 75010 Paris
M° Gare du Nord
01 42 85 05 15, www.groupeflo.fr

Ouvert tous les jours jusqu'à 1 h

Face à la gare du Nord construite en 1863, s'ouvre à la même époque un café qui devient à la mode comme tout ce qui est proche des gares à cette époque. Le quartier est alors en pleine extension. Ce n'est qu'à partir de 1925, à la suite de l'exposition des Arts décoratifs, que le Terminus Nord se pare d'un décor qui réserve bien des surprises. L'espace, réparti en 3 zones bien distinctes, ne se découvre pas d'un seul coup d'œil. La grande salle rectangulaire avec son carrelage à pâquerettes, ses miroirs, ses verticales, ses courbes et contrecourbes du plafond, ses suspensions et appliques aux globes lumineux, ainsi que la verrière aux motifs géométriques, est une superbe réalisation Art déco. L'immense fresque qui évoque cette époque a été réalisée par l'artiste russe Nicolas Nifontoff dans les années 1970. Elle évoque la vie autour de la gare avec l'arrivée du train Paris-Bruxelles, les voyageurs avec leurs valises et leurs cartons à chapeau et les fiacres qui attendent devant la brasserie. Dans la salle carrée, où l'on jouait autrefois au billard et dansait au son d'un piano mécanique encore présent, Nifontoff a représenté la joyeuse vie parisienne des Années folles avec des couples qui dansent et virevoltent fiévreusement. Les femmes, avec robes cintrées, sautoirs, coiffures à la garçonne, fume-cigarette, fourreaux et chapeaux, sont typiques des élégantes des années 1930. Plus loin, un ravissant petit salon intime dit « Belle Epoque » offre une surprenante décoration. La fenêtre, signée Louis Trézel, est un véritable petit chef-d'œuvre de l'Art nouveau. Un bandeau de pensées violette et parme se love tout autour et de grandes ombelles occupent le centre. Ce décor existait-il au début du siècle et faisait-il partie de la salle à manger de l'hôtel du Terminus Nord attenant ? La présence d'un décor Art nouveau et Art déco donne à cette brasserie du groupe Flo toute son originalité. C'est l'escale obligée des voyageurs arrivant en gare du Nord.

LE RABELAIS
PAGNOL AUX POMMES, RAISINS & FLEUR D'ORANGER

Pains et plafonds peints

Du pain et des idées

34, rue Yves Toudic, à l'angle de la rue de Marseille, 75010 Paris
M° Jacques Bonsergent, République
01 42 40 44 52 , http://dupainetdesidees.com

Ouvert du lundi au vendredi de 6 h 45 à 20 h

Christophe Vasseur, jeune boulanger passionné par son métier, découvre cette vieille boulangerie en faillite pour laquelle il a un véritable coup de cœur. En 2002, il s'installe dans ce cadre magnifique, à quelques pas du canal Saint-Martin, et il chine des objets et meubles anciens pour recréer un univers de boulangerie 1900. En 2008, Gault et Millau le consacrent « meilleur boulanger de Paris ».
Cette boutique, inscrite à l'inventaire supplémentaire des Monuments historiques, est richement décorée avec ses miroirs biseautés, ses marbres et ses deux plafonds fixés sous verre qui, fait assez rare, ont été réalisés par deux ateliers différents. Le plus grand est signé Benoist et fils, l'autre Etienne de Bièvre. Le premier en entrant est orné de bouquets de roses, de lilas, de fleurs des champs (coquelicots, marguerites et bleuets) avec tout autour des scènes pastorales. On distingue le semeur, le laboureur et son bœuf, le moissonneur, ainsi qu'un âne qui participe aux travaux des champs.
D'Etienne de Bièvre, il n'existerait que deux plafonds à Paris. Celui-ci, de forme ovale et entouré d'une moulure dorée, présente un ravissant décor de quatre bouquets de roses anciennes et de lilas et quatre brassées de fleurs des champs retenues par un ruban. Les boutons de fixation du plafond, qui sont le plus souvent de simples sous perforés, sont exceptionnellement ouvragés en forme de fleurs.
On ne sait pas comment était la devanture d'origine, l'actuelle est récente. Pour Christophe Vasseur, le métier de boulanger et de pâtissier sont deux métiers bien distincts. En tant que boulanger, il ne travaille que les pains et les viennoiseries avec des fruits de saisons. Quand on ne manque pas d'idées, d'où son enseigne, les saveurs sucrées et salées sont multiples, alors ne manquez pas de succomber au péché de gourmandise !

SPIRITUS
SALLE
au
FOND

Il était une fois… un boucher, un bougnat et un marchand de chaussures

Bistrot Paul Bert
18, rue Paul Bert, 75011 Paris
M° Charonne, Faidherbe-Chaligny
01 43 72 24 11

Ouvert du mardi au samedi de 12 h à 14 h et de 19 h 30 à 23 h

Ce bistrot occupe l'emplacement de trois anciennes boutiques : de gauche à droite, on trouvait un boucherie, un bar bougnat et un magasin de chaussures. Bertrand Auboyneau, ancien patron des Voyageurs, à la recherche d'un vieux bistrot, déniche ce lieu pour lequel il a un coup de cœur. L'ancienne boucherie, qui date des années 1900, est conservée intacte avec ses murs recouverts de carreaux de céramique bleu pastel aux cabochons jaunes, agrémentés d'une frise de papillons. Au sol, un carrelage moucheté et au plafond, les crochets pour suspendre les quartiers de viande. Au-delà se situait l'arrière-boutique avec une succession de petites pièces autrefois cloisonnées, les différents revêtements du sol indiquant l'emplacement de chacune d'entre elles. La première était celle des frigos, la dernière, avec son parquet, était vraisemblablement la chambre à coucher. Une ouverture permet aujourd'hui de passer dans l'ancien bar bougnat.

Dans la partie mitoyenne avec la boucherie, existait autrefois une petite pièce où l'on entreposait bois et charbon pour la vente (comme on le voit encore inscrit sur le mur) et dans son alignement, au-delà de la porte où est écrit « service », se trouvait une cour où était stocké le charbon. Enfin, la troisième boutique, où l'on vendait des chaussures, était déjà transformée en restaurant avant l'arrivée de B. Auboyneau. Au sol de ces trois anciennes boutiques, on distingue aujourd'hui 7 carrelages différents qui permettent de retrouver la mémoire des lieux. Dans la cave, Bertrand Auboyneau a découvert un lot de vieilles étiquettes du boucher, destinées à informer ou à rassurer la clientèle : « Pendant les chaleurs la marchandise est en chambre froide » ou encore « viande non attendrie ». Ce bistrot de renom propose une cuisine traditionnelle goûteuse et une sélection de vins de vrai connaisseur.

VERMOUTH
MARTINI

Un zinc qui vaut de l'or en bar

Chardenoux
1, rue Jules Vallès, 75011 Paris
M° Charonne, Faidherbe-Chaligny
01 43 71 49 52, www.restaurantlechardenoux.com

Ouvert tous les jours
de 12 h à 14 h 30 (15 h 30 le dimanche)
et de 19 h 30 à 23 h

Quand la famille Chardenoux ouvre son café en 1908 elle est fière d'accueillir ses clients dans l'un des plus beaux cafés du Paris des Années folles.
L'immense devanture en bois, avec ses portes-fenêtres aux vitres gravées, est protégée par une marquise ouvragée. A l'intérieur, on est tout de suite frappé par le superbe zinc en étain (l'original a été réquisitionné pour l'effort de guerre) décoré de 17 marbres différents, un chef-d'œuvre de compagnon. Les deux salles sont séparées par une cloison en bois et verres gravés.
Tous les verres gravés sont d'origine, sauf celui de la baie vitrée au fond de la salle à gauche, détruit par un éclat d'obus. Dans cette même salle, à droite, le carrelage ancien marque la limite de la salle autrefois. Les Chardenoux vendaient ici un savon minéral mélangé à du sable, un produit de leur invention qui servait à faire briller les zincs. Un anneau dans le miroir en face du bar permettait d'accrocher un seau pour donner à boire aux chevaux ; on le remplissait d'eau au robinet, autrefois à gauche du bar et dont seul subsiste aujourd'hui l'orifice. Le plafond avec ses moulures et son ciel bleu fraîchement repeint, a besoin de se patiner pour redonner à ce lieu son allure de vieux bistrot. Le chef Cyril Lignac a repris récemment cet établissement qui attire une certaine « branchitude » parisienne.

A voir en passant
LES FUNAMBULES
12, rue Faidherbe, 75001 Paris
M° Faidherbe-Chaligny
01 43 70 83 70

Ouvert tous les jours
de 8 h à 2 h

A l'angle de la rue Faidherbe et de la rue Paul Bert, cet élégant café, avec ses moulures, ses colonnes, son grand bar et sa longue terrasse, attire l'œil.
Cependant c'est son plafond qui surprend le plus. Caché par de nombreuses couches de peinture accumulées avec le temps, il a été redécouvert par les propriétaires actuels il y a quelques années et représente un ciel avec des angelots et des bouquets de fleurs.

Pas d'automne ni d'hiver

Le Bistrot du Peintre

116, avenue Ledru Rollin, 75011 Paris
M° Ledru Rollin
01 47 00 34 39, www.bistrotdupeintre.com

Ouvert tous les jours de 7 h à 2 h

Le Bistrot du Peintre a vécu plusieurs vies comme en témoignent ses noms successifs. Il ouvre en 1902 sous le nom de Café liquoriste Jean-Pierre, comme on peut le lire sur l'inscription en lettres dorées à l'extérieur. À l'époque, le quartier populaire de la Bastille regroupait de nombreux artisans, principalement dans l'ameublement, installés au fond de cours accessibles par des passages. Puis, le bistrot s'appelle « Au vrai Saumur », dans les années 1970 « Au Carrefour » et dans les années 1980 « La Palette Bastille ».
En 1989, l'ouverture de l'opéra Bastille donne un nouveau souffle au quartier : de nombreuses galeries voient le jour et des artistes créent ici leur atelier.
Le patron, collectionnant des palettes de peintres, le nomme en 1993 le Bistrot du Peintre. Sa magnifique façade Art nouveau, l'une des plus belles de

Paris, avec ses volutes de bois qui encadrent ses vitres biseautées, est protégée par une marquise dont les ailes de verre se déploient à l'angle de la rue Ledru Rollin et de la rue de Charonne. L'immense bar, avec son zinc en étain et sa mitrailleuse, conserve sûrement dans sa mémoire une longue et belle histoire de brèves de comptoir. Derrière le bar, on retrouve le même miroir qu'au mur du fond à droite de l'escalier, à la différence que ce dernier est encadré de deux panneaux de céramiques aux tons pastels. Ils représentent des allégories du printemps et de l'été symbolisés par des femmes aux longues chevelures où volètent des papillons. Leur légèreté et leur transparence les rapprochent des pastels de Levy-Dhurmer. L'automne et l'hiver existaient probablement derrière le bar. Ces panneaux auraient-ils été ravis par l'occupant ? Le plafond, aux superbes moulures, a été peint et repeint ; en 1986, on a découvert dans sa partie centrale deux angelots, dont l'un, bon vivant, tient une bouteille. Le premier étage, où autrefois se trouvait un billard comme nous l'indique l'inscription sur la montée d'escalier, accueillait entre les deux guerres des réunions politiques. Aujourd'hui, ce bon vieux bistrot attire toujours une clientèle variée qui aime s'y donner rendez-vous pour partager un morceau autour d'une bonne bouteille.

A voir en passant

BOULANGERIE « AU PANETIER »
109, rue Ledru Rollin, 75011 Paris
Juste en face du Bistrot du Peintre, cette boulangerie conserve une devanture intéressante et un superbe décor à l'intérieur.

Le monde merveilleux du cirque

Le Clown Bar
114, rue Amelot, 75011 Paris
M° Filles du Calvaire
01 43 55 87 35

Ouvert les lundi et mardi de 19 h à 1 h,
le mercredi de 12 h à 15 h et de 19 h à 1 h,
les jeudi, vendredi, samedi de 12 h à 1 h,
le dimanche, de novembre à février, de 12 h à 19 h

N'étant pas retournée dans ce lieu depuis de plus de 20 ans, je n'arrivais pas à comprendre ce qui avait réellement changé. Si mes souvenirs étaient flous, j'étais sûre de deux choses : c'était devenu plus grand et les vieilles photos des copains du monde du cirque avaient disparu. Je questionnais Joe, le patron, qui avait succédé aux anciens propriétaires. Il m'expliqua qu'en 1987 le bail n'avait pas été renouvelé car le propriétaire de l'immeuble voulait ouvrir une boutique en agrandissant l'espace : il eut l'idée de casser le mur en face du bar pour lui adjoindre l'ancienne loge de concierge située derrière, actuelle salle de droite en entrant. Heureusement, la Ville de Paris, alertée, a fait interrompre les travaux : en 1995, le Clown Bar, à la décoration unique dans Paris, était classé.
Son histoire est étroitement liée à celle du Cirque d'hiver qui,construit en 1852, est le seul Monument historique de l'ancien « boulevard du crime » à avoir été conservé. Depuis 1934, il appartient à l'illustre famille Bouglione. Joseph Bouglione, qui ne savait ni lire ni écrire, se retrouvant à la tête d'une immense fortune, acheta avec des pièces d'or les 3 500 m² du Cirque d'hiver, dirigé aujourd'hui par ses petits-enfants.
Pendant des années, le Clown Bar a servi de cantine et de boîte à lettres aux gens du cirque du monde entier. Tristes ou joyeux, les clowns venaient y retrouver leur « grande famille », trinquer au succès, trouver du travail...
Le Clown Bar date vraisemblablement de 1907, mais rien ne précise à ce jour le nom de l'artiste de cette œuvre exceptionnelle. Seul apparaît derrière les boiseries du bar le nom de l'architecte J.B Memery. Une frise de céramique, traitée à la manière d'une bande dessinée, court tout autour du bar. On y voit des clowns et d'augustes acrobates, des équilibristes, jongleurs... faisant leurs numéros devant une foule de spectateurs qui apparait en ombres chinoises. Au plafond, un fixé sous verre représente un pierrot lunaire. Joe et Chantal complètent le décor par des objets chinés se rattachant au cirque.

Invitation au voyage

Le Train bleu

Place Louis Armand, 75012 Paris
M° Gare de Lyon
01 43 43 09 06, www.le-trainbleu.com

Ouvert tous les jours
de 11 h 30 à 15 h et de 19 h à 23 h

La perspective de l'Exposition universelle de 1900 enflamme les esprits et les commandes affluent de toutes parts pour les artistes et les architectes. La prestigieuse compagnie Paris-Lyon-Méditérannée (PLM) ne veut pas manquer ce rendez-vous et, pour accueillir les milliers de visiteurs attendus, elle décide de construire la gare de Lyon. Le Buffet de la Gare de Lyon, tel est son nom d'origine, sera nommé Le Train bleu en 1963, en hommage au mythique Paris Vintimille. Marius Toudoire, l'architecte, dirige le chantier comme un chef d'orchestre et commande à 30 peintres de différentes régions de France, 41 peintures à réaliser en 5 mois. Les plus célèbres représentent des paysages traversés par les trains du réseau PLM.
Le résultat est époustouflant et l'invitation au voyage commence par l'évocation d'une France touristique aux sites célèbres pour leur beauté et leur histoire : la Méditerranée bleue et radieuse, avec des vues mythiques

de la Riviera française, Antibes, Villefranche, Beaulieu, et le vieux port de Marseille ; la montagne et le Mont Blanc ; des sites romantiques comme les lacs d'Annecy et du Bourget ; de grandes villes historiques comme Orange, Avignon et Arles avec leurs monuments grandioses.
Le 7 avril 1901, le président Emile Loubet inaugure ce cadre fastueux. Le pari de la compagnie PLM est gagné et le Tout Paris s'attable avant un départ, au retour d'une villégiature, ou simplement parce que le Train bleu est « un musée », comme disait Jean Giraudoux qui l'aime aussi pour son côté « vieille France ». La capitale n'est pas absente de ces paysages. Le tableau de R. Billotte, qui surplombe l'entrée, représente Paris à l'époque de l'Exposition universelle de 1900 avec le pont Alexandre III, les pavillons de l'Italie, de la Turquie, de l'Allemagne et au fond le Trocadéro. La salle dorée, aux mille dorures, présente un plafond décoré de la « Bataille des fleurs » et de la cueillette des oranges peintes par Henri Gervex. La magnifique caisse en bois sculpté trône au fond de la pièce avec son horloge et sa caisse enregistreuse. Le mobilier d'origine, les dessertes en bois et marbre, le sigle PLM inscrit un peu partout jusque sur les bouches de chauffage, les chapelières et porte-manteaux en cuivre, les lustres et les miroirs, tout est là.
Durant la Seconde Guerre, le restaurant, saccagé, sert de dépôt de munitions et, en 1950, la SNCF envisage de le détruire. Son directeur se bat pendant des années pour le faire classer, ce que fait Malraux en 1972. Les peintures sont nettoyées, les stucs redorés et le mobilier restauré. Aujourd'hui, Le Train bleu poursuit la tradition du flambage, du découpage au guéridon, de la voiture à cloche d'argent, reflet d'un art de vivre à la française très apprécié des étrangers.

Toujours un régal, foi d'animal

Les Zygomates
7, rue Capri, 75012 Paris
M° Michel Bizot ou Daumesnil
01 40 19 93 04, www.zygomates.com

Ouvert du mardi au samedi
de 12 h à 14 h et de 19 h 30 à 22 h 30

Autrefois, la rue de Capri, située dans un quartier populaire, regroupait plusieurs métiers de bouche, par exemple, à l'angle de la rue Claude Decaen, une boulangerie dont on voit encore le décor ancien à l'extérieur.
Cette ancienne charcuterie, installée dans un immeuble de 1910, a vraisemblablement ouvert dans les années 1920 et son luxueux décor est entièrement conservé. Elle se composait de deux pièces : la boutique, aujourd'hui la salle par laquelle on entre, et l'arrière-boutique, séparée de la précédente par une cloison au superbe verre gravé, où dans les vitrines ouvrant sur la rue étaient présentés les produits maison. Ces vitrines étaient fermées par des portes coulissantes ornées de verres gravés avec des bouquets de fleurs. Le carrelage à la richesse d'un tapis oriental, les colonnes de fonte, le mobilier, les réfrigérateurs en bois et les étagères en marbre des Pyrénées, tout est en place. Quant au plafond, c'est une petite merveille. Peint et fixé sous verre, comme c'était la tradition à l'époque, il est décoré d'une bordure où s'enroulent des feuillages, des lianes, des bouquets de lilas, de roses, de capucines et d'hortensias. A chaque angle, on voit un animal, sanglier, lièvre, faisan, et canard, qui correspondait au métier de la maison et, au centre, des hirondelles virevoltent dans un ciel azuré. Les charcutiers n'aimaient pas représenter le porc, un animal qui pourtant les faisait vivre. C'est le gros et le petit gibier, jugés plus nobles, que choisissaient de représenter les décorateurs. Depuis 1982, la suppression du comptoir a permis d'installer des tables et la cloison de séparation a été découpée (ornée d'un verre gravé figurant une scène de chasse, elle allait probablement jusqu'au plafond), assurant une ventilation entre les deux salles. La vieille manivelle qui servait à actionner le store fonctionne toujours. Christophe et Alexandra Baron, séduits par le charme du lieu, ont repris les rênes de cet établissement, où ils servent une cuisine de bistrot digne du cadre.

« Le 20 dissipe la tristesse »

La Coupole

102, boulevard du Montparnasse, 75014 Paris
M° Vavin
01 43 20 14 20, www.lacoupoleparis.com

Ouvert tous les jours
de 8 h à 00 h 30 (1 h les jeudi, vendredi et samedi)

En 1927, Ernest Fraux et René Lafon, Auvergnats et beaux-frères qui ont travaillé au Dôme, rachètent le dépôt de bois et charbon Juglar, sis au 102, boulevard de Montparnasse, en face du Select. Ainsi vit le jour la Coupole qui fut administrée par ses fondateurs de 1927 à 1987. Fraux et Lafon demandèrent aux architectes Barillet et Le Bouc d'imaginer un immense restaurant sur deux niveaux avec un bar, un dancing et une terrasse de 30 m de long et 3,50 m de large. Mais les premiers sondages révèlent la présence de carrières et tout un réseau de galeries souterraines à 22 m de profondeur. Ce constat oblige à élever 16 robustes piliers (et autant de pilastres) pour soutenir les deux étages et à bétonner le sous-sol pour y installer dancing et caves à vins. N'est-ce pas une folie de voir aussi grand ? Solvet est chargé de l'aménagement intérieur. Les piliers sont à nu et les propriétaires ont l'idée géniale de lancer : « c'est aux artistes de les décorer ». Léon Bonnat et Jean-Paul Laurens demandent à leurs amis de se laisser tenter par l'aventure : 32 peintres se mettent à la tâche et chacun a carte blanche. Les artistes se rattachent aux mouvements d'avant-garde, fauvisme, cubisme, orphisme... Difficile de voir leurs signatures dans ce patchwork pictural, mais on sait que beaucoup d'artistes étrangers, russes, polonais, hongrois... y ont participé.

Astor, un ancien chef de rang de chez Prunier, est prêt pour l'ouverture le 20 décembre 1927, Curnonsky trouvant que la date était de bon augure puisque « le 20 dissipe la tristesse ». Le Tout Paris affronte le froid pour ne pas rater cette fête où se croisent 2 500 invités en frac ou en smoking. Parmi eux, Cendrars, Cocteau, Man Ray, la bohème de la Ruche et du Bateau lavoir. 1 200 bouteilles en une nuit et il en manque !

Laurence Durrel donne ses rendez-vous au bar. Scott Fitzgerald y prend ses petits déjeuners au champagne. Comme tous les cafés de Montparnasse, la Coupole perd une partie de sa clientèle de la crise de 1929 à 1945 et il faut attendre les années 1950 pour la voir revenir. On s'y amuse et bien des fantaisies y sont permises. Dali s'y attable avec deux ocelots.

La chanteuse Suzy Solidor y vient enlacée par un boa... vivant. En 1976, pour la sortie du deuxième numéro du journa *Sous la Coupole en Montparnasse,* Antoine Blondin et ses amis lâchent un palmipède dans la salle. Au fameux bar américain, Bob, un barman très stylé a ses têtes ; il inspire à Simenon le personnage de Bob dans *La tête d'un homme*. En 1958, le cocktail bleu est créé pour « l'exposition du vide » d'Yves Klein.
En 1987, un projet immobilier menace de faire disparaître ce lieu, devenu mythique dans la mémoire parisienne. En 1988, la Coupole est classée et entre dans le groupe Flo et Jean-Paul Bucher entreprend des travaux tout en respectant les traditions et le décor.

Une page se tourne et une nouvelle histoire est en train de s'écrire.
Joséphine Baker, qui venait parfois accompagnée d'un lionceau, est peinte par P. V. Robiquet sur le pilastre au fond de la salle à droite ; le guitariste de jazz qui faisait la manche enfant devant la Coupole, est représenté à l'âge de 7 ans sur l'un des piliers. Georges Duhamel est peint avec sa flûte par Marie Vassilieff sur l'un des pilastres. Lors des travaux de restauration, en 1988, on a redécouvert, sur les piliers, le lap vert, technique d'émaux lapidaires mise au point dans les années 1920.
Aujourd'hui, la Coupole reste un des lieux très vivants de la vie parisienne. On y écaille plus de 100 tonnes d'huîtres par an !

Boulangerie bonbonnière

Le Moulin de la Vierge

105, rue Vercingétorix, 75014 Paris
M° Plaisance ou Pernety
01 45 43 09 84, www.moulindelavierge.com

Ouvert du lundi au samedi de 7 h 30 à 20 h

Les nombreux bouleversements du quartier Montparnasse et la grande opération d'urbanisme de l'ensemble Maine-Montparnasse ont transformé les vieilles rues de ce quartier dont les ateliers d'artistes faisaient le charme. En 1977, cette boulangerie est menacée de démolition dans le cadre d'une opération de rénovation. Il est alors question de la conserver en la transférant dans de nouvelles constructions. Finalement, le projet est abandonné. Restée en place, elle surprend d'autant plus dans cet environnement moderne. C'est donc la perle du quartier !
La devanture se compose d'un soubassement en céramique ivoire et grenat et deux panneaux qui encadrent la vitrine : à gauche, une semeuse, à droite, un moulin. Bien que minuscule à l'intérieur, cette boulangerie présente un décor d'une incroyable richesse, inscrit à l'inventaire supplémentaire des Monuments historiques : chaque signature d'artistes correspond à un savoir-faire spécifique. Deux murs sont entièrement revêtus de céramiques signées A. Ebel : blanches et turquoise sur les soubassements et décorées d'épis de blé mêlés à des bleuets sur de grands bandeaux verticaux qui alternent avec des miroirs. À gauche, la cloison qui sépare la boutique de la pièce attenante possède deux ravissantes portes ornées de verres gravés avec fleurs aquatiques et arabesques. Elles encadrent un immense verre gravé où l'on voit un héron fier de sa prise au milieu d'un paysage bucolique, signé J. Mallez. Enfin, levons les yeux pour admirer le plafond souligné d'une moulure ouvragée avec au centre un fixé sous verre signé Benoist et fils. Le ciel est traversé par un vol de putti tenant des épis de blé.
Ces angelots, très fréquents dans les décors de commerce, sont le plus souvent inspirés des modèles de Boucher. Sur la bordure, tout autour, sont disposées des gerbes de fleurs des champs, des branches de lilas, de roses, de liserons dans les tons parme, bleu et blanc. Sur chacun des quatre côtés, est représenté un paysage rural avec moulin, meules, vallons et coteaux. Le mobilier est en bois et placage de marbre.

A voir en passant

A la Ruche gourmande

70bis, rue Dutot, 75015 Paris

Ouvert du lundi au samedi de 7 h à 20 h

Le décor de fleurs est un des motifs les plus fréquents dans les commerces anciens, mais les motifs sont le plus souvent répétitifs comme les roses, les fleurs des champs et quelques autres variétés. Cette boulangerie présente un décor très original signé Raybaud où l'on voit sur tout le pourtour du plafond une trentaine de médaillons avec une très grande variété de fleurs.

Cadre bucolique pour amateurs de rugby

Le Comptoir

354bis rue Vaugirard, 75015 Paris
M° Convention
01 45 32 94 86

Ouvert du lundi au vendredi de 7 h à 2 h, les samedi et dimanche de 10 h à 2 h

En retrait de l'effervescence qui règne autour de la porte de Versailles, ce petit café, connu autrefois sous le nom d'Aviatic Bar, conserve un décor intérieur, aussi charmant que bucolique, datant des environs de 1910. Réalisé en céramique par l'entreprise belge Gilliot et Cie de Hemixen, le décor a été installé par G. Martin, son représentant à Paris. Les murs sont revêtus de céramique représentant quatre grands paysages où une église, un temple de l'amour et des châteaux apparaissent au milieu de vallons et de coteaux. Au premier plan, de grandes fleurs, notamment des iris, renforcent le côté champêtre de ces compositions.
Ces paysages, semblables à des fenêtres ouvertes sur la nature, incitent à la rêverie.
Le soubassement en céramique est orné d'un motif de couronne de laurier et de palmettes (assez rare dans ce type d'établissement) de couleur mordorée, inspiré du style Empire.
Le comptoir en forme de fer à cheval est moderne. Le décor a été inscrit à l'inventaire supplémentaire des Monuments historiques en 1984. Aujourd'hui, les nouveaux propriétaires accueillent les amateurs de rugby qui peuvent suivre les matchs sur des écrans de télévision.

CONFISERIE
CHAMPAGNES

Nous aussi on aime

Je thé... me

4, rue d'Alleray, 75015 Paris
M° Vaugirard
01 48 42 48 30, http://jetheme-terroir.blogspot.com

Ouvert du mardi au samedi de 12 h à 14 h 30 et de 19 h 30 à 21 h 45

Drôle de nom qui célèbre par le jeu des mots et de la phonétique l'amour du thé, non sans une pointe d'ambiguïté qui permet au patron d'exercer un certain charme sur les femmes quand il répond au téléphone « Allo je thé... me bonjour », pour une réservation. Ce nom insolite a pour origine une épicerie fine, ouverte en 1893 et reprise par un Russe blanc en 1918, où pendant des décennies, on vendit du thé en provenance des quatre coins du monde. La clientèle s'y rendait aussi pour acheter une foule de bons produits, des confiseries, des liqueurs, des vins, des champagnes, des spiritueux, des cafés de provenances diverses. Sur les fines étagères de bois vernissé couvrant toute la surface des murs, étaient présentées mille et une saveurs d'ici ou d'ailleurs : préparations maison, productions familiales et régionales comme des confitures et des biscuits, des conserves de qualité, des pâtés, etc.
La ménagère du quartier y trouvait tous les bons produits pour recevoir. Mais cette dernière changea peu à peu ses habitudes pour aller faire ses emplettes dans des magasins où l'on trouve de tout, souvent moins cher. Peut-être est-ce l'une des raisons du déclin de la boutique ?
Depuis 1979, le lieu s'est métamorphosé en restaurant et ce changement lui va bien. A la recherche d'un espace pour ouvrir un restaurant, Jacky Larsonneur, ancien directeur de salle à l'Archestrate, Laurent et Lasserre pour ne citer que quelques-une des grandes maisons où il a officié, est tombé sous le charme de cette boutique bien située à l'angle de deux rues. Il n'hésite pas à mettre en avant la mémoire du lieu et, pour le protéger, il se démène pour le faire classer à l'inventaire des Monuments historiques. Les nappes en tissu, les chaises de bistrot, les étagères agrémentées de miroirs et remplis d'objets hétéroclites (théières, boîtes à thé, sucriers...), mais aussi de bonnes bouteilles, de lampes et d'objets chinés, selon l'humeur, créent une atmosphère intime, conviviale et originale.
Jacky Larsonneur possède le sens de l'accueil et, épicurien dans l'âme, il a, bien sûr, une très belle cave et une carte qui aiguisent les papilles.

Reserve

Des gentilhommes à la campagne

Casa Eusobio
68, avenue Félix Faure, à l'angle de la rue Tisserand, 75015 Paris
M° Boucicaut
01 45 54 11 88

Ouvert du mardi au samedi
de 12 h à 14 h 30 et de 20 h à 23 h

Ce vieux bistrot, un peu perdu au fond du XVe arrondissement, réserve une vraie surprise.
Sa terrasse ensoleillée, comme la cuisine espagnole, est accueillante et, l'intérieur abrite un cadre évoquant la vie à la campagne sous l'Ancien Régime.
Cet établissement, connu pendant longtemps sous le nom de Mon rêve puis Café la Belle Epoque, a conservé l'essentiel de son décor 1900 en carreaux de faïence. De grands médaillons entourés d'un cadre en osier illustrent la vie de gentilshommes au XVIIIe siècle. Une fermière tient un pot à lait, un couple se promène au bord d'un lac avec des cygnes, un autre flâne avec un enfant habillé comme un petit prince, une sorte de Maharadjah se promène dans un parc à la française. La mièvrerie, néanmoins pleine de charme, de ces scènes reflète bien la douceur de vivre d'un gentilhomme à cette époque.
L'ensemble est très frais avec ses guirlandes de roses anciennes, où dominent les tons gris, rose, violine et vert tendre. Les guirlandes comme les carquois avec leurs flèches s'inspirent du style Louis XVI.
Le décor est signé Fourmaintraux et H. Gand Desvres.

Les perles fines de l'Art déco

Prunier
16, avenue Victor Hugo, 75016 Paris
M° Charles de Gaulle-Etoile
01 44 17 35 85, www.prunier.com

Ouvert du lundi au samedi de 12 h à 15 h et de 19 h à minuit

En 1872, Alfred Prunier ouvre un modeste comptoir à huîtres, rue Duphot près de la place de la Madeleine et des Grands Boulevards, où l'on sert aussi des escargots et des grillades. Le succès ne se fait pas attendre et Prunier devient vite le meilleur restaurant d'huîtres de la capitale. 80 porteurs sillonnent Paris pour livrer et ouvrir les huîtres. En 1897, l'établissement s'agrandit puis, quand Emile Prunier fils le reprend, on fait appel à Majorelle pour le décorer. La maison propose alors poissons, coquillages et des spécialités d'outre-Atlantique tels que huîtres Blue Point, clams de Long Island et homard à la Newburg. Arrivent ensuite sur les tables le caviar de Russie et le caviar Prunier, fabriqué grâce à la pêche à l'esturgeon en Gironde et le traitement des œufs mis en place par Prunier.

En 1923, Emile Prunier ouvre une succursale, Prunier Traktir, avenue Victor Hugo. A peine l'a t-il inaugurée qu'il meurt en 1925. Sa fille, qui ouvrira plus tard Madame Prunier à Londres, prend sa suite. Emile avait conçu ce lieu comme un bar à dégustation : une grande fenêtre ouvrait sur la rue Traktir pour la vente du poisson frais, du caviar... le restaurant se situant en face du bar.

Le superbe décor imaginé par Boileau est entièrement dédié à la mer. Les murs en granit sont constellés d'éclats d'or formant des spirales, des cercles, des petits triangles ; des perles évoquent les bulles de champagne. Sobre et élégant, de pur style Art déco, le décor se poursuit dans le très bel escalier, à la rampe chauffante. Le sculpteur Le Bourgeois a créé un ensemble d'enseignes en métal doré où sont inscrits les différentes spécialités de la maison : caviar, poissons, crustacés... Les grands verres gravés réalisés par Paul Binet filtrent la lumière du jour et la mosaïque de grès au sol avec ses motifs géométriques qui s'entrelacent complète le décor.

Prunier, racheté par Pierre Bergé, est depuis plus de 100 ans l'une des plus prestigieuses adresses des produits de la mer.

Décor classé pour mini-café

Café Antoine

17, rue Jean de La Fontaine, 75016 Paris
M° Jasmin
01 40 50 14 30, www.cafe-antoine.com

Ouvert les lundi, mardi et samedi de 8 h à 19 h, les mercredi, jeudi et vendredi de 8 h à 23 h

Dans un groupe d'immeubles construits par Guimard (1867-1942), dont seules façades et toitures ont été classées en 1975, le petit café est heureusement sauvegardé aujourd'hui. Le décor intérieur est d'une incroyable richesse. Les murs sont revêtus de céramiques et les soubassements présentent des guirlandes de roses retenues par des rubans violets. Deux grandes toiles signées E. Mérou, artiste qui a décoré de nombreux cafés parisiens à la Belle Epoque, se font face devant le bar. Leur thématique, liée aux loisirs et aux sports, est peu courante dans un café. L'une représente des cavaliers sautant un obstacle, l'autre évoque un bal champêtre « A mon rêve ». Des femmes joliment vêtues conversent entre amies, d'autres semblent se dérober discrètement avec un galant… et, au premier plan, des hommes pratiquent l'aviron. Le plafond est décoré d'un ravissant fixé sous verre signé Thivet et fils, célèbre famille de peintres décorateurs spécialisée dans les fixés sous verre du milieu du XIXe et du début du XXe siècle ; ils ont décoré de nombreuses boulangeries, crémeries et charcuteries, plus rarement des cafés. Le plafond, au cadre ouvragé, est orné de bouquets de fleurs dans les angles et de coupes de fruits sur chacun des côtés. Au sol, le superbe carrelage est également conservé. La taille du lieu favorise la convivialité et les nombreux habitués s'y attardent autour d'un verre et d'une cuisine du marché.

Pas si petit

Le Petit Rétro

5, rue Mesnil, 75016 Paris
M° Victor Hugo
01 44 05 06 05, www.petitretro.fr

Ouvert du lundi au vendredi de 12 h à 14 h 30 et de 19 h à 21 h 30

Si l'on prend un peu de recul pour regarder la façade de ce vieux bistrot, on remarque qu'elle se compose de deux anciens commerces avec deux devantures différentes : à gauche, Le Petit Rétro, à droite, une ancienne boutique aujourd'hui intégrée au Petit Rétro. Ce charmant bistrot surprend par son décor.
A l'origine, il n'existait que la première salle avec son magnifique bar, ses murs et son plafond entièrement revêtus de carreaux de faïences d'Auteuil au décor champêtre avec des fleurs stylisées. Des branches de fleurs au feuillage retombant alternent avec des miroirs biseautés dont la sobriété des contours se rapproche du style épuré de l'Art déco. La frise de feuillage et de fleurs semble tourbillonner et crée un mouvement de spirales qui anime l'ensemble. Les deux autres salles correspondent à l'ancien commerce. Elles présentent un décor identique au Petit Rétro d'origine mais il s'agit ici d'un trompe-l'œil, très réussi, et réalisé en deux temps : dans l'arrière-boutique, il y a une dizaine d'années, puis dans l'autre salle par l'actuelle propriétaire Mme Godefroi. Ainsi le Petit Rétro est devenu grand ce qui fait la joie des habitués qui aiment se retrouver dans ce bistrot authentique où l'on vous sert encore le café dans une vieille machine qui brille comme de l'or.

Au fil des générations

Les caves Pétrissans
36bis, avenue Niel, 75017 Paris
M° Pereire
01 42 27 52 03

Ouvert du lundi au vendredi
de 12 h 15 à 14 h 15 et de 20 h à 22 h

Depuis 5 générations la famille Pétrissans vit avec la passion du vin et on imagine mal que cela puisse s'arrêter un jour. Charles, le jeune fils de Marie-Christine Allermoz qui tient les rênes de cette maison centenaire avec son mari, a décidé de les rejoindre dans le métier. Difficile, sûrement, d'échapper à la destinée d'une telle maison ! D'autant que chez les Pétrissans, les hommes, comme les femmes, connaissent le métier. L'histoire familiale remonte à Marcel Pétrissans qui ouvre en 1895 une cave-débit de boissons dans ce coin paisible du quartier des Ternes. En 1930, son fils Louis, qui a fait des études de commerce, met à profit ses idées et son sens du marketing. Il est le premier à lancer le cadeau d'entreprise prestige (vins, alcools bruns et liqueurs). Le succès est au rendez-vous. Très vite, Louis fait réaliser le décor du bar avec ses boiseries et le panneau incrusté de culots de bouteilles colorées. Infatigable défenseur des vins, il tient avec son épouse la boutique et le bar qui deviennent une adresse très courue. On y rencontre Paul Poiret, Abel Gance, Céline mais aussi des acteurs, des sportifs, des hommes politiques, etc.

En 1967, Louis passe le flambeau à sa fille qui développe l'activité. Les produits *made in France* jouissent d'une réputation internationale ; Pétrissans livre même la Maison-Blanche.

En 1989, on y sert des tartines pour accompagner la dégustation des vins. Puis est lancée la formule plat du jour et le succès est tel que le bar est transformé en restaurant. Aujourd'hui, on y prend un vrai repas : « la carte du jour, qui propose une cuisine ménagère simple avec de bons produits, est faite en fonction des vins sélectionnés chaque jour » explique Marie-Christine. « Ici, non sans une petite pointe de fierté, on ne vend que des vins français. Nous avons plus de 1 000 références en cave, les connaître et les conseiller relève déjà d'un véritable savoir. » La terrasse, avec son écrin de pampres de vignes, est prise d'assaut aux beaux jours et les tables à l'intérieur sont tout aussi prisées par les habitués. Cette boutique-bistrot est un chaleureux repaire de Bacchus où la sélection au verre permet de belles découvertes gustatives.

Voyage immobile dans l'Orient Express

Le Wagon Bleu
7, rue Boursault, 75017 Paris
M° Rome
01 45 22 35 25, www.wagonbleu.fr/

Ouvert du lundi au vendredi de 11 h à 2 h,
le samedi de 17 h à 2 h,
brunch le dimanche de 11 h 30 à 16 h

Etonnante destinée que celle de cet ancien wagon de l'Orient Express, un train de luxe créé en 1883 pour assurer la liaison Paris-Vienne-Constantinople, reconverti en restaurant dans une rue du quartier des Batignolles.
En 1925, le wagon, mis en vente, est acheté par un collectionneur passionné par la vie du rail. Après s'être offert ce cadeau un peu fou et surtout encombrant, il faut l'entreposer quelque part. Il a alors l'idée géniale d'acheter un terrain de pétanque le long de la voie ferrée qui longe le boulevard des Batignolles. Le wagon transféré par voie ferré depuis Saint-Lazare est hissé par une grue sur le terre-plein où il se trouve aujourd'hui. Son propriétaire le restaure et le wagon redevient plus tard un wagon-restaurant mais cette fois-ci pour un voyage immobile.
L'ancien wagon, s'il a été élargi dans sa partie droite, conserve le charme des voyages ferroviaires d'antan. Les fenêtres coulissantes, les cendriers à bascule, les plaques émaillées pour informer les voyageurs des heures de services des repas, des dangers à se pencher par la fenêtre etc. Tout est là.
De plus, la magie de ce restaurant tient à ce qu'il permet d'entendre les trains passer en contrebas. Il suffit de fermer les yeux et avec un peu d'imagination vous rêvez que le train roule vers un ailleurs enchanteur. En face, de l'autre côté de la voie ferrée, on aperçoit très bien le train avec son vieux soufflet.

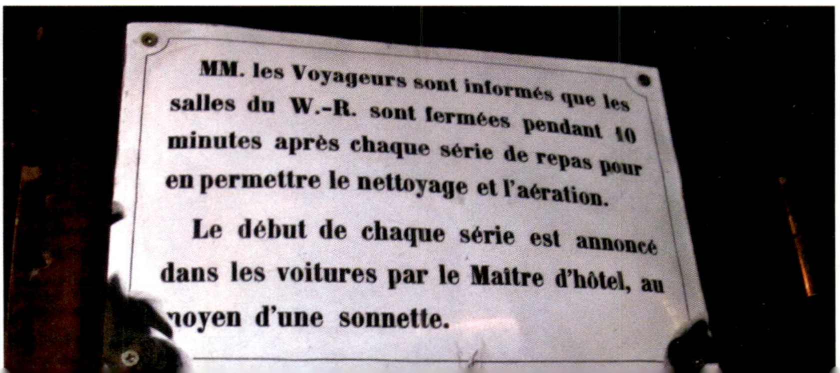

« A la fin de l'envoi, je touche »

Café Le Cyrano
3, rue Biot, 75017 Paris
M° Place de Clichy
01 45 22 53 34

Ouvert du lundi au vendredi de 8 h 30 à 2 h, le samedi de 16 h à 2 h

Voilà un bon vieux café qui a conservé son cadre et sa patine et où, dit-on volontiers, les surréalistes aimaient se retrouver. Il semble cependant qu'il y ait confusion et que le Cyrano où ils se retrouvaient était celui situé boulevard de Clichy (place Blanche). Aujourd'hui, il réunit toujours de nombreux habitués et ceux qui aiment le jazz s'y retrouvent.
Deux frères règnent sur les lieux et le secret de leur succès est probablement d'avoir continué à faire du Cyrano un point de rendez-vous, avant ou après le lever de rideau, pour les musiciens ou les comédiens qui jouent à l'Européen, à quelques pas.
Datant de 1913 et inspiré du chef-d'œuvre d'Edmond Rostand, le décor illustre de façon naïve les exploits du sieur de Bergerac.
Trois grands miroirs ovales entourés de mosaïques dorées aux fleurs stylisées sont séparés par un ensemble de 8 tableaux signés Mérou.
Dans les médaillons ovales, quatre portraits en pied représentent des personnages vêtus chacun d'un costume différent et, dans les médaillons circulaires, sont peintes des scènes galantes ou de cape et d'épée.

A voir en passant
LE WEPLER
14, place de Clichy 75018 Paris
M° Place de Clichy
01 45 22 53 24, http://www.wepler.com

Ouvert tous les jours de 8 h à 0 h 30

Simple estaminet à la fin du XIXe siècle, le Wepler devient en 1901 une brasserie où se retrouvent les artistes qui habitent la Butte Montmartre ou la Nouvelle Athènes.
En 1935, le Wepler est rénové dans l'esprit Art déco.
Georges Courteline et Henry Miller aimaient s'y attabler. Fermé et investi par la Kommandantur pendant la guerre, il est très détérioré.
A sa réouverture, il reçoit un décor des années 1950.
Aujourd'hui, ce bel espace offre un cadre et des clins d'œil aux Années folles qui ont fait les belles heures de cette brasserie.

Saisissante évocation du Montmartre 1900

Le Lux Bar
12, rue Lepic, 75018 Paris
M° Blanche
01 46 06 05 15

Ouvert tous les jours de 8 h à 2 h

Avant de gravir la Butte ou de la descendre, ne manquez pas de faire une halte au Lux Bar, l'un des cafés mythiques du vieux Montmartre. Pour Bernard Dimey, qui a vécu les 10 dernières années de sa vie dans ce quartier, ce lieu faisait partie des incontournables.
Derrière le bar, un immense tableau en céramique évoque l'ambiance du Montmartre de 1900 avec la place Blanche et le Moulin Rouge qui succéda au Bal de la Reine Blanche.
De gauche à droite, un fiacre attend les clients à la sortie du Moulin Rouge. À gauche, où il est indiqué « jardins » et « music hall », se dresse une grande demeure de style néo-gothique avec balcons et tourelle ; à droite, existait une brasserie restaurant, le Cyrano, où l'artiste a indiqué sur la façade l'adresse du Lux Bar. Au premier plan, un couple s'avance, la femme chapeautée tient le bras de l'homme à l'allure bourgeoise, un cigare à la main. Derrière eux, se profilent un gendarme et une femme avec un fichu sur les épaules poussant une carriole chargée d'oranges ; un jeune, coiffé d'un béret, marche d'un pas pressé espérant vendre les nouvelles du jour au couple qui s'avance vers lui. Enfin à l'extrême droite, se tient un homme de dos qui, vêtu d'une redingote et d'un chapeau haut de forme, parlemente avec deux jeunes femmes devant un voiture peut-être destinée à le véhiculer avec l'une de ces belles... Les frondaisons qui apparaissent derrière les ailes du Moulin Rouge nous montrent qu'autrefois existaient de vastes jardins.
Aujourd'hui, si vous regardez le Moulin Rouge plus rien, à part le moulin reconstruit plus tard, ne subsiste. Laurent, qui a repris le Lux Bar tenu par sa mère pendant 20 ans, a le sens de l'accueil et de nombreux habitués s'y retrouvent, dans une sympathique ambiance, pour boire un verre et manger un morceau.

Un favori du 7e art, plutôt côté polar

La Renaissance

112, rue Championnet, 75018 Paris
M° Jules Joffrin
01 46 06 01 76, www.bistrot-larenaissance.fr

Ouvert du lundi au samedi de 8 h à 2 h

Depuis sa création par Henriette en 1903, la Renaissance a pris des rides mais, comme chez certaines vieilles dames, ça lui va bien et c'est ce qui lui donne une âme et un charme suranné. Sa situation privilégiée, à l'angle de deux rues, lui vaut d'avoir une grande façade sur rue et une terrasse ensoleillée. À l'intérieur, les murs sont jaunis et patinés par la fumée de cigarettes, les peintures craquellent, les vitres sont embuées et le grand bar en bois, s'il pouvait parler, serait intarissable sur les brèves de comptoir saisies à la volée

depuis un siècle ! À droite du bar, se trouvent deux peintures signées Gateau et Keisser dont Claude Lansagne, le sympathique patron, ignore les dates.
Le décor, dans son ensemble, remonte aux années 1930. Si la cloison au vitrail Art déco qui sépare la bar de la salle de restaurant date de cette époque, les néons de style 1930 sont plus récents. Dans la salle existait autrefois, comme dans beaucoup de bars de Paris, un billard. L'atmosphère, l'espace et la lumière de ce vieux bistrot ont séduit le 7e art et, depuis les années 1970, ce décor a servi à une vingtaine de tournages de réalisateurs tels Michel Deville pour le *Mouton enragé* (1973), Claude Zidi pour de nombreuses scènes des *Ripoux 1* et 2. Plusieurs téléfilms comme *Nestor Burma* et *Julie Lescot* l'ont pour cadre. Le dernier à y avoir tourné est le réalisateur américain Quentin Tarantino pour *Inglourious Basterds*. Toutes les scènes du Paris de 1940 ont été reconstituées en studio à Berlin sauf une, tournée à la Renaissance en 2008. Plusieurs cinéastes ont laissé des empreintes de leur passage : sur la façade, l'inscription en lettres dorées « Chez Jean, 13, rue de Trumiel Paris, Maison fondée en 1926 » ; le décor gravé sur les vitres des portes-fenêtres et sur les miroirs du fond de la salle date probablement des années 1970 ; Tarantino, ayant trouvé les banquettes en moleskine rouge trop défoncées, les a fait refaire à l'identique pour le plus grand confort de la clientèle d'aujourd'hui.

Pour sa frise cubiste

Le Zéphyr
1, rue Jourdain, 75020 Paris
M° Jourdain
01 46 36 65 81

Ouvert tous les jours de 9 h à 23 h, les samedi et dimanche de 11 h à 23 h

Dans le Paris des Années folles, le Relais des Pyrénées ouvre ses portes en 1929. Au lendemain de la guerre, cette brasserie connaît de belles années et sa cuisine aux accents du Sud et ses spécialités basques attire les connaisseurs. Divers propriétaires se sont succédé et dans les années 1980, le nouveau patron change l'enseigne pour Le Zéphyr. En 1997, il a la bonne idée de demander à une artiste, Marie Latour, de peindre, entre les boiseries et la moulure du plafond une grande fresque évoquant l'univers des cafés dans les années 1930.

A la manière de Georges Braque et de ses *Ateliers*, celle-ci peint une suite de tableaux aux lignes géométriques qui se superposent et où se mêlent instruments de musique, billards, jeux, découpures de journaux, partitions de jazz, papiers collés, etc. Cet ensemble s'intègre parfaitement à l'esprit Art déco du lieu. Les murs, habillés de boiseries foncés et de miroirs qui multiplient l'espace, les piliers cannelés, les consoles, le superbe carrelage et le bar sont conservés.

En 2001, le nouveau propriétaire a entrepris des travaux nécessaires d'électricité et de plomberie et, pour gagner de l'espace, a abattu la cloison qui existait entre le bar et la salle. Les verres gravés en façade de style Art déco, ont été réalisés pour le décor d'un film et laissés en place. Cette belle brasserie accueille souvent des équipes de tournage.

A voir en passant

LE CHANTEFABLE
93, avenue Gambetta, 75020 Paris
M° Gambetta
01 46 36 81 76, www.chantefable.fr

Ouvert tous les jours de 7 h à minuit, le samedi de 8 h à 0 h 30

La création de cette brasserie de quartier remonte vraisemblablement au début du siècle. Un espace immense avec un grand bar et une terrasse.
Un pêle-mêle d'ancien, avec les boiseries, les grands miroirs, le vieux zinc, les banquettes en moleskine etc., et de déco façon rétro, des reproductions de tableaux de Toulouse-Lautrec et d'affiches de publicité.
L'ensemble en fait un lieu convivial de vieille brasserie parisienne.

Bibliographie sommaire

Bancquart (Marie-Claire), *Paris Belle Epoque par ses écrivains*, Paris, Adam Biro, 1997.
Boutillon (Aline), *Vitrines du passé. L'art du fixé sous verre*, Paris, Artena, 2006.
Bréon (Emmanuel), *L'Art des années 30*, Paris, Somogy, 1996.
Canac (Sybil), *Paris boutiques de toujours. Leur histoire et leur âme*, Paris, Massin, 2007.
Caracalla (Jean-Paul), *Montparnasse - L'âge d'or*, Paris, Denoël, 1997.
Carco (Françis), *De Montmartre au quartier latin*, Paris, Albin Michel, 1927.
Courtine (Robert), *La Vie parisienne : cafés et restaurants des boulevards 1814 à 1914*, Paris, Perrin, 1985.
Crespelle (Jean-Paul), *La folle époque. Des ballets russes au surréalisme*, Paris, Hachette, 1968.
Crespelle (Jean-Paul), *La Vie quotidienne à Montparnasse à la grande époque 1905-1930*, Paris, Hachette, 1976.
Faveton (Pierre), *Côté décors. Les restaurants de Paris*, Paris, Masson, 2008.
Flory (Matthieu), Forissier (Clémentine), *Bistrots, brasseries et restaurants parisiens*, Paris, Ereme, 2004.
Héron de Villefosse (René), *Histoire de la géographie gourmande de Paris*, Les éditions de Paris, 1956.
Hillairet (Jacques), *Connaissance du Vieux Paris*, Paris, éditions de Minuit, 1954 ; Paris, Rivages, 2005.
Jacob (H.E.), *L'épopée du café*, Paris, Seuil, 1953.
Les Grands Boulevards, catalogue d'exposition, Paris, Musée Carnavalet, 1985.
Malki-Thouvenel (Béatrice), *Cabarets, cafés et bistrots de Paris*, Lyon, Horvath, 1987.
Moncan (Patrice de), *Ambiances et décors des restaurants en Europe*, Paris, éditions du Mécène, 2001.
Sachs (Maurice), *Au temps du bœuf sur le toit*, Les Cahiers rouges, Paris, Grasset, 2005.
Thomazeau (François), *Au vrai zinc parisien*, Paris, Parigramme, 2004.

Page de gauche, l'escalier de Prunier, voir page 201.

Index des lieux cités

Page de gauche, décor de Planel dans le restaurant Senderens, voir page 117.

Page de droite, plafond de la brasserie Mollard, voir page 131.

Dans la même collection

Banlieues plein les yeux
Montmartre et environs, 100 lieux mythiques, insolites, pratiques...
Paris XVᵉ, balades et bonnes adresses
Paris à l'heure du thé
Paris, cours et ruelles de charmes
Paris de pont en pont, le long de la Seine et du canal Saint-Martin
Paris des films cultes, les films qui y sont tournés, les acteurs qui en foulent les pavés...
Paris en douceurs, les meilleurs pâtissiers, chocolatiers, glaciers...
Paris en rollers
Paris fais-nous peur, 100 lieux du crime, de l'étrange et de l'irrationnel
Paris nuits blanches, clubs, boîtes, bars, restos...
Paris par-dessus les toits, les meilleurs lieux pour voir Paris d'en haut
Paris pique-nique, les meilleurs lieux et plus encore
Paris pour les amoureux / Paris for lovers
Paris sacré, 100 lieux à découvrir
Paris shopping insolite
Paris vu du bus
Paris, 100 jardins insolites et 100 restaurants dans la verdure
Paris, 200 bars insolites branchés, chics, décalés
Paris, 300 lieux pour les curieux
Paris week-ends à thèmes, ethnique, insolite, fashion, culture, nature...
Promenades dans Belleville et Ménilmontant
Promenades dans l'île Saint-Louis et l'île de la Cité
Promenades dans le quartier des Gobelins et la Butte-aux-Cailles
Promenades dans le Quartier latin
Promenades dans le XIIᵉ, Aligre, Picpus, Bercy, Nation...

Dépôt légal : mars 2011
Achevé d'imprimer sur les presses de Loire Offset Titoulet